COORDENAÇÃO EDITORIAL
**JAQUES GRINBERG,
MARCELO ORTEGA
&
MAURICIO SITA**

VENDAS
A CHAVE DE TUDO

GRANDES TREINADORES, PALESTRANTES E COACHES
MOSTRAM COMO ABRIR A MENTE E ACESSAR
NOVOS CAMINHOS PARA O SUCESSO

Literare Books
INTERNATIONAL
BRASIL · EUROPA · USA · JAPÃO

COORDENAÇÃO EDITORIAL
**JAQUES GRINBERG,
MARCELO ORTEGA
&
MAURICIO SITA**

VENDAS
A CHAVE DE TUDO

GRANDES TREINADORES, PALESTRANTES E COACHES
MOSTRAM COMO ABRIR A MENTE E ACESSAR
NOVOS CAMINHOS PARA O SUCESSO

Literare Books
INTERNATIONAL
BRASIL · EUROPA · USA · JAPÃO

Copyright© 2017 by Literare Books International.
Todos os direitos desta edição são reservados à Literare Books International.

Presidente:
Mauricio Sita

Capa:
Estúdio Mulata

Diagramação:
Douglas Duarte

Revisão:
Débora Tamayose

Gerente de Projetos:
Gleide Santos

Diretora de Operações:
Alessandra Ksenhuck

Diretora Executiva:
Julyana Rosa

Relacionamento com o cliente:
Claudia Pires

Impressão:
Rotermund

Dados Internacionais de Catalogação na Publicação (CIP)
(Câmara Brasileira do Livro, SP, Brasil)

```
Vendas : a chave de tudo / coordenação editorial
Jaques Grinberg, Marcelo Ortega e Mauricio
Sita. -- São Paulo : Literare Books
International, 2017.

ISBN: 978-85-9455-040-8

1. Administração de vendas 2. Blogs (Internet)
3. Marketing digital 4. Sucesso em vendas 5. Vendas
6. Vendas e vendedores I. Grinberg, Jaques. II.
Ortega, Marcelo. III. Sita, Mauricio.
```

17-06790   CDD-658.85

Índices para catálogo sistemático:

1. Blogs : Internet : Vendas : Marketing digital :
   Administração   658.85

Literare Books
Rua Antônio Augusto Covello, 472 – Vila Mariana – São Paulo, SP.
CEP 01550-060
Fone/fax: (0**11) 2659-0968
site: www.literarebooks.com.br
e-mail: contato@literarebooks.com.br

SUMÁRIO

7
A importância do apoderamento da autoestima quando o assunto é vendas
Adriana Tronquini

13
Blog para vender mais
Alan Cardoso

23
Os segredos dos campeões de vendas
Alberto Marinho

29
Como construir uma atitude mental positiva em vendas
Augusto Lucena

37
Clientes para a vida inteira
Benito Costa Junior

43
Os primeiros passos de um vendedor de sucesso
Clóvis Carvalho

53
Prospecção digital
Como automatizar a captura de novos clientes para sua empresa
Cristiano Morales

63
Profissão vendedor
Edelcio Fochi

73
Momento mágico - Como superar expectativas em vendas transforma clientes em fãs do seu negócio
Elisangela Ransi

83
Novos hábitos, novos métodos, novos perfis
Enio Klein

91
Como vender sonhos?
Graziela Bezerra

99
O vendedor coach - Dicas práticas de como transformar perguntas em vendas
Jaques Grinberg

111
O que é vender?
Luiz Bagattini

121
Saber vender é a chave para o sucesso
Marcelo Ortega

131
O sucesso depende de você e não do seu tamanho
Matheus Freitas

141
Atitude em vendas - Requisito para o sucesso neste ambiente globalizado
Prof. Me. Pedro Carlos de Carvalho

151
Atendimento: o segredo para o sucesso em vendas
Sidinei Augusto

1

A importância do apoderamento da autoestima quando o assunto é vendas

Como o profissional pode se posicionar no mercado, identificando suas verdadeiras habilidades e identidade profissional, assumindo uma posição altruísta e de autoliderança

Adriana Tronquini

Adriana Tronquini

Psicóloga, especialista em Gestão de Pessoas, com vinte anos de experiência em Treinamento e Desenvolvimento de líderes. Executiva de Vendas com foco no *feed* com o cliente e *Overdelivery*. Participação ativa em palestras motivacionais e reuniões estratégicas com visão em resultados altamente eficazes na busca da excelência da qualidade.

Contatos
atronquini@gmail.com
https://www.facebook.com/adriana.tronquini
https://www.instagram.com/adriana_tronquini
(11) 98363-3175

Quem nunca se perguntou: por que eu não consigo trabalhar com vendas?? Ou ainda... por que outras pessoas fazem melhor o trabalho de vendas do que eu?? Quantas qualidades você já pode ter desenvolvido ao longo de sua vida profissional, e nunca ter assumido o seu papel de vendedor!!!

Independentemente da escolha acadêmica, da especialização, nada acontece sem que haja uma venda.

É nesse momento que muitas pessoas não reconhecem seu papel de vendas, e muitas vezes acabam se autodenominando diferentes destes profissionais tão cheios de manobras e criatividade para desempenhar tão bem o seu dia a dia de trabalho.

O primeiro fator é a escolha da profissão propriamente dita: encontro muita gente com habilidades extraordinárias, com empreendedorismo consolidado, mas... Comercializam o próprio carro, quando realmente querem trocar por outro melhor, concordam? E nesse momento... Surge o vendedor nato! Mas a profissão escolhida para passar o resto de seus dias é o gerente administrativo, ou a secretária, ou o técnico em informática, seja lá qual tenha sido a primeira escolha.

Esse é o segundo fator: a escolha! Por que temos que nos prender às escolhas sendo que somos factíveis a mudanças e adaptações constantemente? Além do mais, apenas somos capazes de desenvolver algo real em nossas vidas em momentos de crise...

Está aí o terceiro fator, e muito importante: a crise!! O que você faz em momentos de crise?

Existem pessoas que observam, culpam e ainda tornam as crises mais tumultuadas do que elas podem ser.

Existem pessoas que vão se sensibilizar e ter alto grau de ansiedade para sair dos momentos de crise, e vão precisar de ajuda.

E apenas 3% serão os que rapidamente irão mudar conceitos e adquirir novos hábitos e conhecimentos, e consequentemente novos talentos. Essas pessoas serão os prováveis empreendedores de sucesso!

Eu prefiro dizer que no topo a concorrência é bem menor, portanto mais confortável será a sua permanência e consistência!

E qual será a melhor forma de ter sucesso em vendas, então??
Apoderar-se!!

Primeiramente, é importante salientar que é dever de cada um ter um motivo para trabalhar. Sim, um motivo, uma motivação, algo que o faça acordar todos os dias para fazer valer a pena!

Já sabe quais são seus motivos? Já entende o que te faz movimentar? Agora você deve criar um foco, um alvo para atingir e que seja tangível a todos os seus motivos.

Seu foco não deve ter negociação, não deve ter plano B, não deve ter autossabotagem, e se for o contrário disso, seus motivos não serão tão verdadeiros para trabalhar com as vendas, e você não vai desempenhar o seu melhor papel, entende?

Estabelecidos os seus motivos e o seu foco, comece a pensar o que você tem de melhor para fazer isso, ou seja, quais são as suas habilidades para ser o melhor vendedor, a melhor vendedora e empresário ou empresária de sucesso!

E se você acha que não tem nenhuma habilidade? Essa seria a hora da crise, lembra? E é nessas horas que nos adaptamos, que nos tornamos flexíveis, que percebemos que somos hábeis em várias tarefas! Que podemos desempenhar vários papéis na vida pessoal, e por que não na vida profissional?

E se, mesmo assim, encontramos dificuldades, mas sabemos à necessidade da mudança, é a hora de procurar ajuda, de treinar, de estudar, de aprofundar conhecimentos e técnicas em vendas, e posso assegurar uma informação com muita propriedade: quem quer faz!

Cada um tem o seu estilo, e as vendas respeitam isso.

Trabalho há muitos anos com treinamento de líderes em vendas e, ao longo desses anos, pude ver os mais variados estilos de sucesso, e cada pessoa tem sua personalidade – há os técnicos, os analíticos, os racionais, os glamorosos, os influenciadores, os missionários etc. Mas o importante agora é você saber que para empreender deve respeitar o próprio estilo e, acima de tudo, amar o seu trabalho, portanto, nunca o leve como um sacrifício diário. E se caso isso acontecer, você vai se lembrar dos seus motivos mais uma vez, e pensar se realmente é esse o diferencial que deve ser!

Todas as vezes que seu trabalho exigir algo extraordinário de você, esse será o momento de pensar sobre seus motivos, por isso eles devem ser muito conceituados em sua mente, para que você não volte dois passos para trás.

Há muitos anos eu atuo com o Empoderamento Feminino, e sou testemunha da garra de muitas pessoas que, ao se permitirem, são capazes de movimentar toda uma estrutura familiar!

A partir do momento em que decisões são tomadas na vida, principalmente a de exercer o papel de empreendedor, temos que ter a responsabilidade de nos apoiar em nosso planejamento diário e em nossos objetivos pessoais para que o negócio de fato aconteça, portanto: seja seu líder mais exigente e comece a pensar que ter a flexibilidade de trabalho não significa em nenhum momento não estar disponível para o seu negócio, e, sim, exercê-lo todas as vezes que identificar a possibilidade da oportunidade para você, e isso é bem diferente. Isso significa que você deverá se dedicar por um período maior ao seu trabalho e exclusivamente a ele, e terá a consciência de que alcançará os resultados com essa dedicação em muito menos tempo.

O Empoderamento consiste em, no processo de transformação, entender que tudo – o fracasso e o sucesso – depende única e exclusivamente de uma pessoa: você!

Perceba que esse processo não é necessariamente simples ou fácil, mas sim um período de grandes evoluções que ocorrem de dentro para fora. Muitas vezes a pessoa não se disponibiliza para tais transformações devido principalmente a autoestima não estar suficientemente elevada, ou devido estar engessada por suas crenças limitantes, que são aprendizados ao longo de sua primeira e segunda infâncias, que permanecem ao longo de sua vida, sem explicação, e que, sozinha, dificilmente consegue identificar que isso pode prejudicá-la em suas atividades.

Por esse motivo, optei por atuar com a missão em apoderar principalmente o público feminino, e sou uma empresária que desenvolve um projeto, sendo a dona de uma franquia que estabelece o resgate da autoestima, em que convido as pessoas a olharem em si mesmas, após a possibilidade de uma grande transformação.

É incrível assistir os resultados desse trabalho! O empoderamento ocorre a partir do momento em que vejo um novo olhar dessas pessoas sobre suas transformações imediatas, tanto fisicamente, ao se darem a oportunidade de cuidar de sua estética, como pelos fortes impactos emocionais, observando automaticamente suas crenças limitantes.

Ao abrir esses horizontes, é importante trabalhar os números, as estratégias e colocar possibilidades reais para as pessoas que estão acostumadas ao "não merecimento", pois muitas vezes passam a vida com tão poucos recursos que, ao se depararem com uma nova chance, dificilmente acreditam que é possível acontecer isso a elas, portanto recusam, ou falham, ou compram desculpas para não executarem o trabalho com eficácia.

É importante ensinar como ter autonomia, e na função de vendas a autonomia é construída com os resultados. Por esse motivo é necessário vibrar por cada agendamento, é necessário comemorar cada venda realizada, para que a consistência aconteça de fato.

Posso assegurar que não há nada mais entusiasmante do que começar um trabalho e desafiar o próprio potencial, e mais ainda, quando você descobre que é capaz de ultrapassar os seus próprios limites!

Uma frase de Mary Kay Ash que eu reproduzo várias vezes é: "Se você diz que pode, você pode, e se você diz que não pode, então está certo".

Então a partir desse conceito podemos ver que de fato: somos completos responsáveis pelo que dizemos e pelo que fazemos, principalmente pelo que produzimos!

Mas... e se por acaso algo falhar? E se mesmo com várias tentativas não acontecer o tão sonhado sucesso?

A palavra mais correta é: resiliência.

Resiliência é a capacidade de voltar ao seu estado normal após um período de frustração ou queda, ou seja, por mais difícil que por vezes possa parecer, repense e recobre prontamente sua capacidade de produzir!

Com todas as variações, perceba que as grandes instabilidades acontecem interiormente, isso sim pode desestabilizar o seu negócio, portanto, acima de qualquer coisa, tenha em mente o amor ao seu trabalho, fale com propriedade, empreenda, estude, aceite, queira mais, tenha foco, essas são as receitas básicas para o empoderamento profissional!

Referência

ASH, Mary Kay. *Milagres que Acontecem*. Editora Mary Kay Ash Inc., 1994.

2

Blog para vender mais

O mundo empresarial tem mudado bastante nos últimos anos devido à evolução tecnológica. A busca por vantagens competitivas, alcançar novos mercados, vender mais e otimizar lucros são alguns dos assuntos do cotidiano na gestão das empresas. A tecnologia da informação tem sido nos últimos anos uma ferramenta importante no processo gerencial. O uso estratégico da tecnologia é fundamental para o crescimento e desenvolvimento de uma empresa, independentemente do seu tamanho

Alan Cardoso

Alan Cardoso

Pós-graduado em Administração e Marketing e especialista em Engenharia de Sistemas. Colunista de vários portais e revistas, atualmente é CEO na ETAG Soluções em Tecnologia, com clientes em todo o Brasil e na Europa. Responsável pelo Acorde – Sistema de Gestão para Escolas de Música, Portal Educa Music – Teoria Musical Interativa, Musical Games e criador da rede social "Músicos na Web".

Contatos
www.alancardoso.com
www.etaginformatica.com.br

Vender é o principal objetivo de toda empresa. Porém, essa atividade pode ser muito desafiadora para pequenas empresas, pois geralmente não possuem equipe de vendas. Além disso, pouca visibilidade da marca e limitada rede de contatos prejudicam seu crescimento. Ter um logotipo, cartão de visitas, um bom produto ou serviço e proposta comercial não são suficientes em um mundo conectado como o atual. Como estão suas estratégias no mundo digital? A internet é o primeiro lugar onde as pessoas vão procurar sobre seu produto ou serviço. Não basta ter um site ou uma página no Facebook. É necessário se movimentar e marcar sua presença no ambiente digital. Criar conteúdo relevante e de qualidade para criar audiência. Temos hoje muitas ferramentas à disposição, como blogs, SEO, Landing Pages, mídias sociais, E-mail Marketing, entre outras. Neste livro abordarei estratégias para vendas utilizando uma das mais poderosas ferramentas de marketing digital: o blog.

Tecnologia para as vendas

Nos dias atuais, em que surgem novos modelos empresariais e de processos de negócios, é essencial o uso da tecnologia para criar e manter empresas competitivas, possibilitando o fornecimento de produtos e serviços úteis aos seus clientes. Do ponto de vista empresarial, a popularização da internet, a globalização e a nova Era do Conhecimento têm contribuído para mudanças profundas no mundo corporativo, que deve a todo tempo estar atento com a dinâmica do mundo atual.

O mundo mudou e os clientes também. Com o crescimento da internet, as pessoas não compram mais apenas nas lojas físicas. Antes, são realizadas pesquisas em sites, comparações de preços, análises de opiniões de outras pessoas em fóruns, tudo para fechar o melhor negócio.

Tudo começa por uma busca na internet. Você procura, por exemplo, por um restaurante. Encontra alguns no bairro onde pretende ir. Mas logo pensa: Será que este é bom? O que estão falando sobre ele? E continua a pesquisar até que esteja satisfeito com as respostas, tomando então a decisão.

Hoje a concorrência não é mais apenas local. Se você tem uma loja, não deve se preocupar apenas com o concorrente da esquina, mas também com diversas lojas on-line que oferecem o mesmo produto que o seu e, muitas vezes, por um preço mais atrativo.

Você gostaria de vender para clientes de outras localidades? Talvez não esteja vendendo por não estar oferecendo corretamente, pois se oferecer provavelmente venderá. Clientes de outros locais desejam comprar seu produto, mas como comprar se o site da empresa foi criado por um amador, está com informações desatualizadas e sem estratégias para que seu site seja um forte canal de vendas?

Basta observar ao seu redor. As pessoas estão o tempo todo conectadas, principalmente através do celular. Seja para comunicação ou entretenimento, passam horas navegando. Apenas essa simples observação do cotidiano já é argumento suficiente para sua empresa ficar atenta e desenvolver estratégias para o mundo on-line.

Blog para vender mais

Ter um site corporativo é requisito básico para uma empresa. O blog é um tipo de site, porém, de atualização rápida, onde criamos pequenos artigos conhecidos como *posts*, cujo conteúdo pode ser uma receita, uma dica, enfim, de algum assunto alinhado aos objetivos de negócios da empresa.

Um dos principais benefícios do blog é que, mesmo com baixo investimento, é possível trazer mais visitantes para seu site, até converter muitos desses visitantes em clientes. Através de marketing de conteúdo, que consiste em realizar publicações sobre assuntos de interesse do público-alvo de sua empresa, é possível atrair visitantes e convertê-los em *leads*.

Lead é um termo utilizado em Marketing Digital, que representa um potencial consumidor de seu produto ou serviço. Este interesse é concretizado através do preenchimento de um pequeno formulário de contatos, geralmente solicitando e-mail ou telefone, ou ainda assinando a *newsletter* do blog ou site. Para geração de *leads*, escrever artigos no blog, realizar seminários web, gravar vídeos e *podcasts* são ações importantes. Ainda, seu blog pode ter postagens com cupons de desconto e promoções por tempo limitado. Todo *post* deve ter como objetivo gerar uma ação, seja de passar informação relevante para o futuro cliente, seja despertar o interesse dele pela empresa ou concretização da venda.

Existem algumas etapas para um blog ter sucesso: atrair visitantes, converter os potenciais clientes em *leads*, se relacionar com os interessados, fechar as vendas, fidelizar clientes e, por fim, revisar todo o ciclo com o objetivo de otimizar o processo.

Blogs são tão estratégicos que hoje temos uma nova profissão: o blogueiro. Ou seja, tem muita gente ganhando um bom dinheiro com blogs. Como o consumidor está sempre buscando informação na rede, sempre haverá nichos e mercados para blogs profissionais com um bom conteúdo. Esse profissional entende bem como funciona a internet, compreende o que os leitores querem, conhece marketing viral e sabe como promover o blog, além de boa escrita.

O conteúdo é rei! Essa frase foi dita por Bill Gates em 1996, comentando sobre o futuro dos negócios. "O conteúdo é como imagino que boa parte do dinheiro de verdade será ganho na internet". E foi justamente o que aconteceu.

Produzir conteúdo relevante em um blog é uma estratégia importante para empresas. Isso porque ajuda o Google a indexar seu site, e assim é encontrado mais facilmente nas buscas. Quanto mais seu blog for acessado, provavelmente mais compartilhamentos, mais leitores, mais acessos, aumentando a visibilidade de seu negócio e potencializando as vendas dos produtos e serviços de sua empresa.

Blog não é um site qualquer. É uma ferramenta estratégica para atrair visitantes e convertê-los em clientes. Ou seja, pode ser um grande ativo de sua empresa.

Vamos conhecer alguns benefícios na criação estratégica de um blog:

• **Visibilidade nos mecanismos de busca:** sua empresa será mais facilmente encontrada no Google gratuitamente. Quanto mais conteúdo relevante sua empresa publicar, mais páginas serão indexadas, aumentando as possibilidades de serem encontradas;

• **Respeito:** quanto mais sua empresa escreve sobre determinado tema, mais ela se posiciona na internet como especialista naquele assunto;

- **Facilidade nas vendas:** enquanto o cliente ainda está indeciso na compra de seus produtos ou serviços, o blog pode ajudá-lo na decisão, pois além de ler sobre sua empresa, poderá verificar o quanto conhecem sobre o assunto, fortalecendo sua marca e confiança do cliente em sua instituição;
- **Interação:** os comentários publicados nos *posts* são muito importantes, pois ajudam a empresa a entender melhor seu público-alvo, seu perfil e opiniões. Observe que é diferente de um website, pois este é estático. O blog é dinâmico, sempre tem novidades.
- **Maior engajamento com as redes sociais:** observe que nas redes sociais em que você participa, as pessoas basicamente escrevem sobre algo que estão fazendo ou compartilham algum conteúdo que gostaram. Ou seja, quanto mais conteúdo de qualidade seu blog tiver, mais estratégico ele será também para aparecer nas redes sociais de forma espontânea e gratuita, compartilhado por internautas que gostarem dos artigos publicados;
- **Produz conhecimento:** escrever de forma constante é um grande desafio, pois é necessário pesquisa e aprendizado constante. Perceba que tal ato fará com que você tenha uma equipe cada vez mais conhecedora do mercado em que atua e especialista em seus produtos ou serviços. Quem aprende não é apenas o visitante, mas a equipe conteudista do blog.

Requisitos para o blog

- **Investimento:** para fazer um blog, o investimento financeiro pode ser baixo, mas é necessário um bom investimento de tempo na produção de conteúdos;
- **Busca:** tenha um campo de busca bem visível. Além disso, adicione menu para navegação por categorias. O internauta tem um objetivo e quer encontrar rapidamente o conteúdo desejado;
- **Compartilhamento:** os botões de compartilhamento com redes sociais populares, como o "Curtir" e o "Compartilhar" do Facebook e Twitter precisam estar bem visíveis para o visitante;
- **Analytics:** é fácil integrar e ajuda sua empresa a mensurar a quantidade de acessos por artigo, entre outras análises;

- **Comentários:** é um campo muito importante, pois ajuda a empresa a ter opiniões reais dos *posts*, além de críticas, elogios e sugestões de produtos e serviços. Fique atento e não perca a oportunidade de saber mais sobre seu público alvo através dessa ferramenta.

O que devo escrever?

Parece óbvio. Sobre meus produtos e serviços, claro. Calma!

Usar o blog apenas para falar sobre o quanto o cliente não pode viver sem seus produtos e o quanto sua empresa é perfeita não atrai audiência. O que atrai é gerar conteúdo relevante e útil.

Na internet, se o site for mal projetado ou o conteúdo não for interessante, procuramos outro. Simples assim. Por esse motivo, se seu blog for apenas promocional, dificilmente irá atrair leitores.

Escreva com foco no seu público-alvo. O segredo para gerar resultados de marketing e vendas é criar conteúdo da forma como seu público-alvo pesquisa nos mecanismos de busca. Dessa maneira, irá atrair principalmente pessoas interessadas nos temas relacionados aos negócios de sua empresa, aumentando o potencial de vendas.

Por exemplo, se sua empresa é uma loja de móveis de design, faça publicações em seu blog sobre designers famosos, dicas de decoração e ambientes. Se for uma imobiliária, faça postagens sobre lançamentos do mercado, guias de manutenção da casa, como escolher um seguro, dicas para melhor escolha da casa de acordo com seu perfil, entre outros. Resumindo, o que importa é ser relevante, é oferecer ao seu público-alvo informação de valor para conquistar o cliente.

Ainda, se as postagens forem interessantes, serão compartilhadas naturalmente pelos visitantes do seu blog, potencializando ainda mais a divulgação de sua empresa nas redes sociais. E tudo isso sem gastar nada.

Antes de publicar um conteúdo, avalie se você escreveu para você, para sua empresa ou se escreveu para seu cliente. Tente pensar como ele, coloque-se no lugar dele. Você, como cliente, se interessaria por este conteúdo e, por consequência, por esta empresa? Se a resposta for sim, está no caminho certo!

Outro ponto importante é a frequência. Não basta criar o blog e criar em uma semana dez artigos e depois passar meses sem atualizar. Precisa ser frequente. Pesquisas apontam que quanto maior a quantidade de postagens, maiores as possibilidades de ser encontrado nos mecanismos de busca. Tenha como meta no mínimo um *post* por semana.

Como escrever?

O título é a parte mais importante da postagem. Isso porque é através dele que o leitor irá clicar ou não no artigo. Ainda, um título bem elaborado pode ser encontrado mais facilmente pelos mecanismos de busca, as chamadas buscas orgânicas. Outra dica importante e que não pode faltar na sua estratégia para vender mais com blog é a escolha adequada das palavras-chave de acordo com o conteúdo do artigo. Por exemplo, as palavras-chave de um artigo devem harmonizar com o título, nas descrições das imagens e ao longo do texto. Essas ações potencializam as buscas orgânicas pelo Google.

No texto, procure chamar a atenção de seu público-alvo logo no primeiro parágrafo. Lembre-se de que na internet temos à disposição milhares de outras páginas, a concorrência é grande, portanto, não perca a oportunidade de manter o visitante no seu site por mais tempo. Utilize marcadores, formate o texto, utilize imagens, ou seja, faça uma postagem bem organizada e formatada, pois se estiver visualmente "estranha", irá assustar o visitante e fará com que ele vá embora para o blog de outra empresa, mais limpo e organizado. A verdade é que imagens na internet são um estímulo visual para atrair a atenção do seu potencial cliente. Sendo assim, escolha imagens com boa resolução e que realmente ajude a transmitir melhor a mensagem desejada.

Sua empresa pode ir muito além das postagens em texto. Utilize também outros formatos, como vídeos e *podcasts*. Você pode escrever sobre diversos assuntos, como responder a perguntas e dicas frequentes de clientes, convidar algum especialista para escrever um artigo para sua empresa, comentar sobre notícias do mercado, entrevistas, lançamentos, eventos etc.

Atrair audiência

Mesmo com bom conteúdo, nem sempre nosso blog será encontrado tão rapidamente por nossos clientes. Algumas dicas para atrair audiência são:

1. Envie o link do seu blog para familiares, amigos e contatos de negócios. Peça também para compartilhar com outros. Mesmo que estes não façam negócios com sua empresa, pelo menos já terá alguns acessos, dando alguma visibilidade de seu blog aos sites de busca.

2. Invista em publicidade paga, como o Google AdWords e anúncios do Facebook. Segundo o site para empresas do Facebook, atualmente possui mais de 1,7 bilhão de pessoas que usam a rede social. Você pode segmentar o anúncio de acordo com seu público-alvo. Parece estranho, mas muitas empresas utilizam as ferramentas de anúncios do Facebook não apenas para divulgar seus produtos e serviços, mas também para divulgar artigos do seu blog. Isso para aumentar a audiência, relevância nos mecanismos de busca, fortalecimento da marca, fidelização de clientes, entre outras estratégias.

Não há fórmula mágica. Para dar resultado, desenvolver estratégias de marketing digital com blog exige trabalho e disciplina. Porém, mesmo com pouco investimento, poderá construir um canal com grande potencial de vendas para sua empresa.

3

Os segredos dos campeões de vendas

A vida de um profissional de vendas sem sombra de dúvidas é repleta de muitas visitas, reuniões, entrevistas e de vários quilômetros rodados. Pensando nisso, fiz questão de escrever um pouco sobre os mais de dez anos de experiência e uma estratégia que me ajuda a ser um "**campeão de vendas**".
Boa leitura!

Alberto Marinho

Alberto Marinho

Diretor/franqueado, na Paraíba, do Grupo K.L.A. Educação Empresarial. Sua franquia está entre as três melhores do grupo no Brasil. Com mais de vinte anos de mercado, a K.L.A. está presente também em Portugal, México e nos Estados Unidos. É instrutor do Senac-PB, atuando na formação profissional de jovens. Iniciou sua carreira aos catorze anos, como menor aprendiz no setor de tecnologia. Com apenas dezesseis anos, passou a atuar como vendedor e trabalhou em grandes empresas locais, onde treinou e liderou equipes de vendas. Graduado em Marketing e Vendas pela Faculdade Estácio de Sá, foi agraciado com a *Medalha Alumni Diamante Aluno Egresso de Sucesso*. Administra sua carreira com disciplina, compromisso e ética, e é hoje referência em Gestão de Vendas e capacitações na área.

Contatos
www.albertomarinho.com
contato@albertomarinho.com

Nos dias atuais, principalmente no mercado de trabalho, é necessário não só preparo técnico, mas também boa formação geral, que inclui desenvoltura na comunicação oral. Frente a frente com o cliente, é preciso dominar vários assuntos, não apenas de caráter técnico referente ao seu produto ou serviço. Para os profissionais que lidam diretamente com o público, a exigência de uma boa comunicação e conhecimento de assuntos gerais é ainda maior. Por isso, ao escrever este texto, busquei reunir algumas técnicas, estratégias e ferramentas que aprendi e utilizo ao longo dos mais de dez anos atuando diretamente com vendas.

Comecei a trabalhar com vendas aos catorze anos de idade e sempre observei os profissionais ao meu redor, e me perguntava:

- Por que alguns vendedores vendem mais e outros não?
- Por que alguns têm uma grande habilidade de convencimento e outros não?
- Por que alguns vendedores têm verdadeiros fãs, enquanto muitos têm apenas clientes?

Essas perguntas me fizeram sair da zona de conforto e me mostraram minha primeira grande lição de vendas: *"Devemos aprender com tudo e com todos"*. Passei a buscar as respostas para essas perguntas e descobri que os profissionais que me inspiravam tinham algumas características em comum.

- Todos participavam de treinamentos, seminários, *workshops* e congressos com frequência;
- Sempre estavam lendo livros sobre vendas, negociação, liderança, administração, entre outros;
- Estavam sempre com uma apresentação pessoal impecável e recebiam os seus clientes com um aperto de mão firme e um sorriso no rosto passando sempre credibilidade acima da média;
- Em suas vendas falavam menos que seus clientes;
- Apresentavam os produtos/serviços focando nos benefícios;
- Na maioria das vezes, vendiam sem dar descontos.

E mesmo com pouca idade e com pouca experiência profissional, segui o que Albert Einstein certa vez falou: "*A imaginação é mais importante que o conhecimento.*" E comecei a me imaginar como um grande profissional de vendas, sempre comprometido a buscar bons resultados. E com isso, aprendi também com Walt Disney: "*Se podemos sonhar, podemos tornar os nossos sonhos realidades*". Assim, me sinto um verdadeiro privilegiado em compartilhar com você um pouco da minha experiência no mundo das vendas.

Existem inúmeras técnicas, estratégias e ferramentas que com certeza aumentarão as suas vendas, e neste livro você encontrará algumas delas. Porém, há uma estratégia que me faz ter excelentes resultados.

Para se tornar um campeão de vendas é preciso encontrar as respostas para estas cinco perguntas que fazem toda a diferença na vida de um profissional da área:

1. Como estou cuidando da minha carreira?
2. Estou transmitindo credibilidade?
3. Como posso buscar novos clientes?
4. Como posso vender mais?
5. Valor ou preço? O que realmente meu cliente procura?

Você pode até se perguntar: "*Para eu me tornar um campeão de vendas é preciso encontrar as respostas para essas perguntas?*"

Por mais óbvio que pareçam essas perguntas, eu lhe asseguro que "*Perguntas de alto nível criam uma vida de alto nível. Pessoas bem-sucedidas fazem melhores perguntas e, como resultado, obtêm melhores respostas*". (Anthony Robbins).

No início de outubro de 2015, um jovem executivo de vendas, vestindo um costume azul com corte italiano, chegou para mais uma reunião de vendas. Ele estava em uma das maiores construtoras da sua cidade, uma empresa com mais de 450 colaboradores, todos comprometidos com as vendas dos vários imóveis de luxo que construíam. Sua reunião naquela amanhã seria com Sr. Robert, o atual gerente administrativo da empresa e sucessor direto ao cargo de presidente do grupo. O jovem executivo entra no prédio, pega o elevador e vai até o décimo sexto andar. Olha em seu relógio MontBlanc, prêmio que ele tinha ganhado na última campanha de vendas; os ponteiros marcavam

9h45. Ele estava tranquilo, pois a reunião era apenas às 10h20 e, como de costume, iria chegar no horário marcado. Ao sair do elevador, ele se depara com uma sala de recepção com vista panorâmica, que dava para ver boa parte da orla litorânea da cidade. Ele se dirige a uma recepcionista, apresenta-se, e, após se identificar, ela pede para ele aguardar em outra sala, ao lado, até o horário da reunião.

Durante o tempo em que esteve na sala, o jovem executivo percebeu que mais algumas pessoas também estavam aguardando seus horários de reuniões. Percebeu também outro homem, vestindo uma calça jeans, uma camisa polo, que entrava na sala, com respiração ofegante e bem suado, que aparentava ter "corrido" para estar ali. O homem entra na sala e se dirige ao bebedouro, pega um copo com água mineral, bebe, respira um pouco e fica em pé ao lado, como se estivesse esperando ser chamado de forma imediata. O jovem executivo percebe que o homem tem um crachá de identificação em sua camisa, chega mais próximo do homem e percebe que se chama Fernando e a empresa descrita no crachá era a sua principal concorrente na cidade, e assim como ele estava ali para tentar fechar negócios com Robert, gerente administrativo do grupo.

A secretária entra na sala e fala:

— Sr. Fernando, já são 10h e sua reunião estava marcada para as 09h30. Por esse motivo, o senhor Robert pediu para informá-lo que não poderá recebê-lo hoje devido a sua agenda, que está toda comprometida.

Fernando tenta argumentar com a secretária que teria tido um problema no trânsito. Ela escuta e diz:

— Sr. Fernando, eu compreendo. Até gostaria de ajudá-lo, mas a principal frase do Sr. Robert é "antes da hora não é hora, depois da hora, muito menos". Pode me acompanhar para remarcamos a sua reunião?

O jovem executivo assiste toda a cena, olha em seu relógio e percebe que os ponteiros estão cravados em 10h20, e logo escuta a secretária chamá-lo para entrar na sala de reuniões.

Ao entrar na sala, Robert o recebe de forma muito simpática, convida-o a sentar próximo a sua mesa, aperta a sua mão e começa o diálogo elogiando a pontualidade e a apresentação pessoal do jovem executivo.

Horas depois, o executivo sai da sala do diretor administrativo, liga para a empresa e informa que a negociação foi fechada e pede para o departamento financeiro efetuar os processos internos de cobrança. No final da ligação, ele diz:

— *Aprendi hoje com o Sr. Robert a frase do publicitário Júlio Ribeiro: "O mundo trata melhor quem se veste bem".*

Certa vez, ouvi do presidente da K.L.A. Educação Empresarial, Edilson Lopes, "a vida é uma venda." E antes de você vender qualquer produto ou serviço, é preciso que saiba se vender.

- Você está fazendo isso da forma certa?
- Como você tem se apresentado?
- Como está sua postura profissional?
- Como está a sua comunicação?

Fique atento! Nesse mundo competitivo, tudo tem que passar credibilidade. É preciso ser pontual, estar atento aos detalhes e ter uma boa apresentação pessoal (marketing pessoal). A primeira impressão de fato é a que fica, por isso temos que transmitir credibilidade a todo momento.

4

Como construir uma atitude mental positiva em vendas

Existem milhares de vendedores que neste exato momento estão com suas mentes ocupadas com assuntos que não geram vendas. Lembre-se de que a sua missão como vendedor é vender com lucro ajudando pessoas a resolverem problemas e realizarem sonhos, mas para que isso aconteça a sua mente tem que estar totalmente em estágio produtivo e não ocupado. Seus resultados serão proporcionais à qualidade do seu pensamento e a sua atitude mental

Augusto Lucena

Augusto Lucena

Treinador, empresário, escritor, consultor e palestrante de vendas. Especialista em aprimoramento humano e profissional com expertise há vinte anos e contato direto com equipes comerciais em diversas cidades do Brasil. Nos últimos dezessete anos tem contribuído com programas de treinamento e educação de vendedores e líderes de vendas através de palestras, seminários, cursos, *workshops*, congressos e consultoria para centenas de empresas e milhares de profissionais no cenário nacional. É coautor do livro Vendas e atendimento, e também é autor de dois DVDs sobre os mesmos temas. Atualmente dirige o Grupo K.L.A. Internacional no Estado de Sergipe, onde se tornou uma grande referência quando o assunto é treinamentos empresariais e distribuição de conteúdo para micro, pequenas e médias empresas. Sua unidade foi eleita por duas vezes a melhor do grupo em todo o Brasil. Atua também como palestrante licenciado na Escola de Vendas e Negócios K.L.A., considerada na atualidade a maior escola para formação de vendedores, líderes e gestores de empresas em todo o Brasil.

Contatos
www.augustolucena.com.br
augusto@augustolucena.com.br
(79) 3041-4182 / 99879-1977

Toda venda começa na cabeça do vendedor; o fato é que o vendedor já inicia a venda com o não do cliente.

Mas isso não quer dizer que sua mente esteja focada no fracasso da venda. Por esse motivo, ele não pode sair de casa para vender derrotado e consumido pela crise ou por comentários negativos sobre o mercado ou sobre sua profissão, porque não irá transmitir ao cliente a confiança necessária em seus argumentos. Com isso, certamente não venderá, apenas perderá o seu precioso tempo.

Vendedores de sucesso constroem pensamentos positivos antes de interagir com o cliente. Desse modo, o cérebro emite informações e vibrações positivas que liberam a criatividade e ajudam no processo de vendas.

O que muda entre um vendedor ser rico ou pobre é sua maneira de pensar, isto é, sua mentalidade. Essa é uma máxima que serve para todas as profissões do mundo e principalmente para essa pessoa muito especial chamada VENDEDOR.

Qual a sua ligação com o universo das vendas?

Você é apaixonado pelo que faz? Essa profissão te dá prazer? Essa paixão é o que diferencia o campeão de vendas do vendedor medíocre.

Profissionais apaixonados por vendas fazem do "não" do cliente o desafio para vender muito mais.

Primeiramente, para ser um profissional de vendas acima da média, é preciso que você queira ser bom nisso, é preciso entender o seu valor, afinal, todo capital que circula no país e no mundo é graças a ação de nós, vendedores, somos nós que fazemos a roda dos negócios girar.

Nos dias atuais, o consumidor cerca-se do maior número de informações antes de comprar um produto ou contratar um serviço, e logicamente que ele busca também o melhor valor em tudo. Por isso, é preciso fazer mais do que a regra para se tornar bom e ainda mais para ser excelente. O despreparo e o pouco conhecimento sobre os produtos ou serviços estão entre as principais falhas dos vendedores e atendentes, a maioria deles não busca entender a necessidade dos clientes.

Precisamos compreender melhor a verdadeira essência das vendas e sobretudo as transformações que estão ocorrendo no cenário mundial, onde hoje a forma como você vende se tornou muito mais importante do que aquilo que você vende.

Vale lembrar que por mais que sejamos vendedores e as oportunidades devam ser aproveitadas, há momentos em que a melhor venda é não ficar 24 horas tentando vender algo. Não entendeu? Experimente ouvir o cliente!

O poder da autoconfiança em vendas

Para ter mais chances no mercado, é necessário ocorrer o que chamamos de "venda antes da venda", ou seja, antes de sair de casa, o vendedor precisa vender para ele mesmo a ideia de que conseguirá alcançar o seu objetivo. Precisa confiar em si, confiar no cliente, confiar em seu produto, confiar na empresa em que trabalha e principalmente ter os seus objetivos e metas claros e bem elaborados.

Em um mercado em que produtos e serviços estão muito parecidos em preço e benefícios, o grande diferencial está na qualidade do vendedor. Se ele conhece técnica, psicologia do cliente e sabe muito sobre o produto ou serviço que oferece, com certeza vai possuir uma grande vantagem sobre os demais.

A maioria daqueles que estão estagnados com seus resultados tem uma programação passada que afirma que essa é a maneira "normal" de ganhar dinheiro, e em geral quando as coisas não vão bem culpam o mundo.

Para ser um verdadeiro campeão de vendas, além de conhecimento e técnica, são características fundamentais: motivação, entusiasmo, vibração e, acima de tudo, muita autoconfiança.

Como diria Samuel Johnson, a autoconfiança é o primeiro requisito para grandes realizações.

Para se construir uma autoconfiança de gigante é necessário mudar sua postura e principalmente reprogramar o seu Mindset.

Seguem algumas dicas especiais que podem fazer muita diferença quando colocadas em prática todos os dias:

1. Prepare-se mentalmente para fechar vendas logo pela manhã, pois em geral é o momento em que estamos mais fortes;

2. Ensaie pelo menos três diferentes tipos de fechamento de vendas;
3. Decore respostas inteligentes para possíveis objeções, que podem ser evasivas ou reais;
4. Prepare uma boa abordagem e que cause um bom impacto inicial;
5. Procure por notícias ou fatos positivos acerca do mercado de seu cliente, isso vai ajudá-lo a criar certa sintonia com ele;
6. Seja pontual, saia com antecedência e previna-se contra trânsito congestionado, pneu furado e outros contratempos que podem acontecer;
7. Use uma agenda para programar o seu dia, afinal a organização é a ciência do rendimento é uma das maiores qualidades de um vendedor de sucesso.

Mas, principalmente, imagine-se vendendo, pinte em seu cérebro a imagem de profissional de vendas bem-sucedido, imagine os detalhes e sinta a emoção de fechar a venda. Faça isso quando dormir, pois ao acordar essa imagem se tornará verdade em sua vida.

Pode ter certeza de que essa forte preparação mental lhe dará muita força e autoconfiança para você fechar muitas vendas!

Vendedor produtivo x vendedor ocupado

O tempo é o capital mais precioso que existe, e por essa razão temos que aprender a administrá-lo de forma inteligente, fazendo com que ele trabalhe para nós e nunca ao contrário. Existem milhares de vendedores que nesse exato momento estão com suas mentes ocupadas com assuntos que não geram vendas. Lembre-se de que a sua missão como vendedor é vender com lucro, e para que isso aconteça a sua mente precisa estar totalmente produtiva.

Você pode ter uma incrível habilidade em definir sua agenda da semana quando está tirando o carro da garagem na segunda-feira de manhã, mas, acredite, esse hábito te faz menos produtivo.

Você deve definir sua agenda da próxima semana sempre na semana anterior. Faça uma análise de quanto tempo você gasta em visitas a clientes para administrar vendas em andamento, para resolver algum problema ou simplesmente para tomar um café com seu velho cliente que já virou amigo. Essas visitas não podem tomar mais do que 50% do seu tempo.

Lembre-se de que você gasta aproximadamente 20% do tempo em processos burocráticos, então só te restará 30% do tempo para o mais importante de tudo: prospectar novos negócios.

Organize-se na semana anterior fazendo esta conta:

Máximo 20% do tempo em tarefas burocráticas;
Máximo 50% do tempo em visitas e atendimentos a clientes fidelizados;
Mínimo 30% do tempo prospectando novos negócios.

Trabalhe para diminuir o tempo gasto nas duas primeiras tarefas, mas cuidando para que a qualidade do seu atendimento não caia.

Essa forma de trabalho planejado pode parecer difícil de incorporar no seu dia a dia, e é, mas uma vez incorporado você será muito mais produtivo, o que diminuirá sua carga de estresse, pois não terá mais tantos imprevistos, e aumentará a qualidade do seu atendimento.

Foque em estar produtivo e não ocupado!

A diferença entre um vendedor rico e o vendedor pobre

A grande verdade em poucas palavras é a seguinte: as pessoas ricas do mundo não ganham salário, ganham comissões, participação em lucros, trabalham melhor a hipótese de risco.

A primeira coisa que quebra a regra da riqueza é estabelecer um teto para o seu rendimento.

O vendedor rico quer possuir o melhor dos dois mundos. Como assim? Entre uma carreira de sucesso e mais tempo para a família, quer as duas coisas. Entre se dedicar aos negócios ou o lazer, também as duas coisas. Idem para dinheiro ou uma vida com sentido. Idem entre enriquecer e fazer um trabalho por puro prazer. Tudo é uma questão de mentalidade.

Você é aquilo que pensa. Apenas ler não fará a diferença na sua vida, é preciso acreditar e colocar em prática, isto é, tomar posição, ter atitude. Ler agora é importante, mas o sucesso no mundo real vem com suas ações.

A partir desse ponto, você fará novas escolhas, tomará novas decisões e obterá novos resultados. A marca da riqueza é determinada por quanto o ser humano é capaz de dar e ajudar.

Há 15 anos, um pesquisador da Universidade de Michigan fez uma pesquisa com dois mil alunos sobre o que esperavam ser na vida, sendo que 1.800 responderam que queriam ficar ricos e apenas 200 disseram que queriam ajudar pessoas.

Há alguns meses, esse mesmo pesquisador voltou à tabulação de todos aqueles dados e foi verificar o que aconteceu com essas pessoas e descobriu que 202 eram milionários. Sua surpresa foi muito grande quando descobriu que nesse time de 202 pessoas estavam todos os 200 que disseram que queriam ajudar pessoas.

Tem muitos vendedores que não atingem as metas porque pensa que estão ali para vender e atingir as metas, quando na verdade não entendem que a sua verdadeira missão é ajudar os clientes. Lembre-se de que o seu objetivo é atender as necessidades, expectativas e desejos de quem pode te levar a bater as metas: o cliente.

Assim como em qualquer outra profissão, o que faz um profissional de vendas ser bom, se diferenciar da multidão, ser um verdadeiro campeão de vendas é sua forma de ser. Antes de tudo, é alguém que desafia seus pensamentos, seus hábitos e não limita suas ações.

Construa sua rede de influência

Vendedores de sucesso constroem sua rede de influência para aumentar o raio de atuação e vender mais. Os quatro passos para que isso seja possível são:

Importe-se com as pessoas, tenha princípios, fortaleça as conexões e agradeça pelas oportunidades.

Se você deseja que a Terra seja um lugar melhor, então passe você mesmo a ser alguém melhor. O sucesso e a abundância da vida estão esperando por você.

Lembre-se: se você crescer e se tornar uma pessoa bem-sucedida em termos de caráter e de atitude mental, será um vitorioso, e o seu sucesso será uma coisa muito natural, tanto nas vendas como também na vida.

Avante e venda!!!

Referências
VINÍCIUS, André. *100 dicas de ouro para se tornar um campeão de vendas*. Santa Catarina: Dracaena, 2015.
FRAZÃO, César. *Programa 52 soluções*. São Paulo: César Frazão, 2016.

5

Clientes para a vida inteira

É importante perceber as ações dos clientes tendo em vista que estão sempre evoluindo atentos às variações das propostas em seus vários segmentos, entendendo que a premissa básica para o sucesso dessa relação (empresa x cliente) se dá pelas relações afetivas de respeito, atenção, escuta atenta, desenvolvidas ao longo do tempo, pois sem clientes não há ganhos, não há empresas

Benito Costa Junior

Benito Costa Junior

Graduado em Administração de empresas. Abordagens integrativa e distributiva (College of Marin's – Canada - Indian. Valley). Negociação de alta performance (pela metodologia de Harvard). Liderança e crescimento relacional (pela metodologia FGV). O Jeito Disney de encantar clientes – Formado pelo instituto Disney – Orlando – EUA. *Leader Coaching, Life Coaching, Executive Coaching* e *Master Coaching* – Formado pela Sociedade Latino Americana de Coaching. Desenvolvimento pessoal e liderança (Pela Harvard Business Review). Atualmente sou Gestor de novos negócios (Brasil e EUA). Professor em universidades de primeira linha, facilitador e palestrante nas áreas de vendas, atendimento ao cliente, desenvolvimento humano, fortalecimento do capital intelectual e formação de times de alto desempenho.

Contato
benito.costa@hotmail.com

No mercado competitivo da atualidade, é importante destacar que conhecer o comportamento da nossa empresa e do cliente é estar a um passo adiante do concorrente. Nas empresas, aquelas pessoas que só entregam resultados já não são mais suficientes. Resultados são importantes, sim, porém, cada vez mais, as empresas estão descobrindo que a maneira como e feita faz total a diferença.

É importante perceber as ações dos clientes tendo em vista que estão sempre evoluindo atentos às variações das propostas em seus vários segmentos, entendendo que a premissa básica para o sucesso dessa relação (empresa x cliente) se dá pelas relações afetivas de respeito, atenção, escuta atenta, desenvolvidas ao longo do tempo, pois sem clientes não há ganhos, não há empresas.

A atração do cliente pelo produto ou serviço está ligada diretamente a um comportamento estabelecido através do relacionamento afetivo criado e desenvolvido ao longo do tempo ancorado pela competência, confiança, flexibilidade e estratégia.

É preciso compreender e estar sensível ao que o cliente deseja, despertando nele o sentimento de "importância" que ele deve ter frente à empresa. É necessário destacar que não basta oferecer um atendimento de qualidade no que diz respeito a processos, estratégias, ambiente, equipamentos. É preciso muito mais que isso: oferecer aos clientes um atendimento de "excelência" de tal forma que cause impacto positivo. Dessa forma, é preciso então estabelecer a diferença entre atendimento e tratamento de maneira a dar assistência ao cliente de forma diferenciada e seus vários aspectos:

1) Sondagem:

Quem são os clientes? Saber quem são é de extrema importância, pois quando você sabe quem são eles, automaticamente sabe quem não são. Algumas empresas têm um entendimento mais genérico dos seus clientes, enquanto outras se aprofundam no atendimento mais individualizado. Qualquer que seja a estratégia, uma coisa é certa: quanto mais informações você tiver, mais assertivas serão suas ações.

2) Prospecção:

Para superarmos o desconhecimento do perfil dos clientes, o passo inicial é captarmos algumas informações que podem ser relevantes para segmentação e direcionamento. Esse ponto é um dos meus favoritos, eu chamo de aperitivo: aproveitar a primeira oportunidade para oferecer algo que ele ainda não tenha, mas, tem que ser algo inédito, que surpreenda. Nesse momento temos que ser assertivos, da mesma maneira, é preciso primeiro satisfazer e então extrapolar as expectativas do seu cliente, isto é, se você quiser desenvolver um atendimento de alta performance.

Cuidado para não oferecer produtos ou serviços que não sejam do perfil do cliente, pois isso só gera transtorno para todos e você já começa a ser visto como mais um.

3) Competências:

Isso para mim é um dos pontos mais altos, ou temos competência ou não. Uma frase que eu sempre uso em minhas palestras e em salas de aulas é: "Se o meu cliente tem um problema, eu tenho um problema".

Estamos vivendo uma era de concorrência, "eu chamo de era da experiência". Produtos e serviços não passam de acessórios, os clientes querem experiências memoráveis. Atender bem quem busca os nossos produtos ou serviços é uma obrigação; ou superamos as expectativas dos nossos clientes ou arriscamos perdê-los.

4) Estágio da maturidade:

O sucesso gera concorrência, é a fase em que o aparecimento de concorrentes é expressivo, pois a oportunidade acaba atraindo a concorrência no mercado. Esse é outro ponto a destacar. Não compramos confiança nas prateleiras de supermercados ou lojas, sendo assim, devemos construí-las. Esse ciclo pode ser visto como lavar as escadas de baixo para cima, deve dar um trabalho danado... e podem acreditar, tem muita gente fazendo isso com os clientes. O atendimento de confiança, de modo geral, é determinado por indicadores percebidos pelo próprio cliente relativamente a: comportamento, comprometimento, cumprimento de prazos, acordos e metas.

5) Ciclo de vida

Aqui é o ponto onde realmente você se difere do restante, é aqui que você mostra porque é diferente dos demais, é aqui que você tem que dar um show de entrega de resultados, aqui o palco é seu, aqui está toda a plateia te assistindo (**cliente, empresa, família, filhos, amigos etc.**). Nesse exato momento, ou você entrega resultado e supera as expectativas ou vai ser mais um no mercado, aqui começa o poder do tema "atendimento ao cliente", aqui você mostra um espetáculo de talento.

Aqui você tem que dar um show de excelência, um show de relacionamento, um show de talento, um show de encantamento, aqui você tem a oportunidade de dar um show de magia da riqueza dos detalhes. Na verdade, o uaauuuuu... está aqui!!!

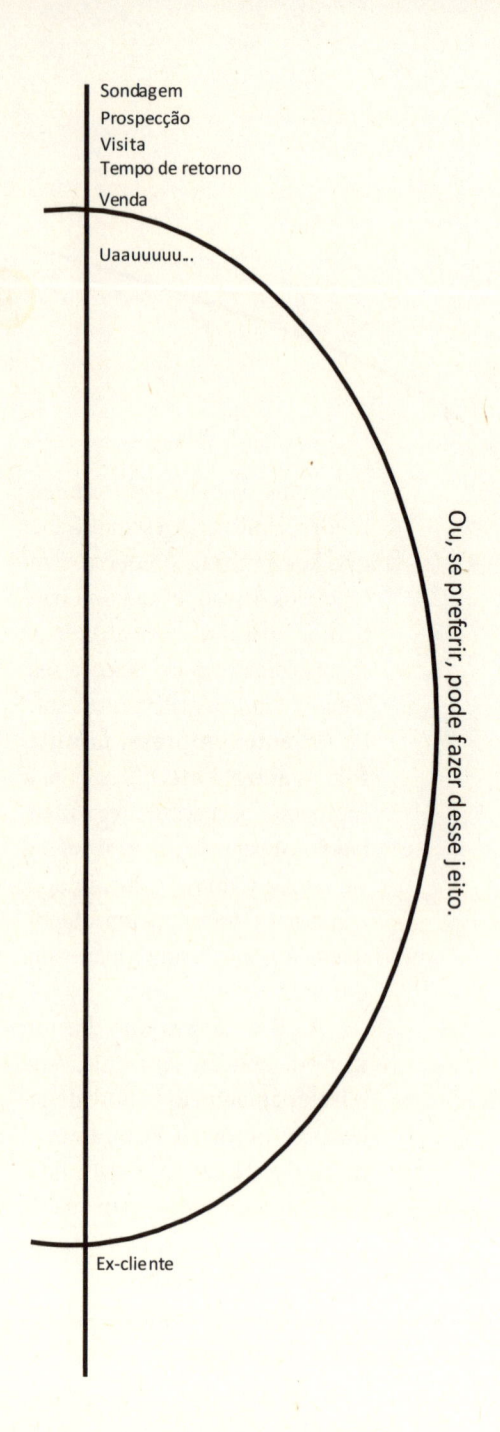

Sondagem
Prospecção
Visita
Tempo de retorno
Venda

Uaauuuuu...

Ou, se preferir, pode fazer desse jeito.

Ex-cliente

6

Os primeiros passos de um vendedor de sucesso

Diante de um cenário extremamente competitivo, procuro desmitificar um pouco o papel do vendedor, trazendo para a nossa realidade que, em algum momento, todos nós somos vendedores e podemos obter muita realização nessa profissão. Sendo organizado, determinado, focado em resultados e com muita vontade de aprender, pode tornar-se até referência em sua área de atuação

Clóvis Carvalho

Clóvis Carvalho

Coach, certificado pela – SLAC. Analista comportamental DISC. Graduado em Administração de Empresas e Comércio Exterior pela UniSant´Anna, pós-graduado em Gestão Acadêmica pela UFBA, formado em Liderança, Comunicação Eficaz e Relações Humanas pelo Dale Carnegie Institute/SP. Há mais de vinte anos atua na área comercial, sendo metade desse tempo dedicado à gestão e formação de equipes de alta performance. Palestrante para equipes de vendas das mais variadas áreas, com diversos cursos de atendimento ao cliente, vendas, pós-vendas e fidelização do cliente.

Contatos
clovis.afonso@bol.com.br
(73) 99903-1610
(71) 98182-7882

1º passo
Acima de tudo, vender é acreditar (um estado de espírito)

Acredite sempre em você mesmo. Atenda cada cliente como se ele fosse o último e o dono do seu melhor pedido. Não julgue um livro pela capa, não ache que seu melhor cliente é sempre aquele com a maior loja, mais simpático. Não julgue seu cliente por status, posição, localização, pelo visual, atenda a todos da melhor forma possível.

O ideal seria atender cada cliente como ele gostaria de ser atendido, afinal cada pessoa tem suas necessidades e percepções diferentes, assim, num momento de maior desenvolvimento profissional, você perceberá como atender melhor cada cliente. Uns gostam de um atendimento mais descontraído, outros, mais sério, uns mais informal e com uma vestimenta mais casual, outros, mais formal e social, uns, ainda, preferem tratar com mais detalhes por meios de comunicação virtuais (e-mails, redes sociais), outros não dispensam uma visita pessoal para poder comprar. Enfim, busque conhecer o que cada cliente espera de você.

Perceber o tipo de abordagem para cada tipo de cliente é fundamental para entender os diferentes tipos de comportamentos e fazer com que sua visita e, consequentemente, sua venda, seja agradável e prazerosa para você e seu cliente. Tenha sempre a certeza de que venderá muito.

Deus ajuda e o universo inteiro conspira para você vender, mas somente aquele que quer e acredita de verdade pode.

Como diria Napoleon Hill: "Quando seus desejos forem fortes o suficiente, parecerá que você possui poderes sobre-humanos para alcançá-los".

2º passo
Vender é um dom

Sim, você pode ter nascido com o dom de vendas, da oratória, da persuasão, da habilidade com as palavras e com negociações, características latentes de um bom vendedor. Contudo, ao perceber essas habilidades, não fuja desse destino, você pode ter nascido para vendas, tornar-se uma referência no assunto ou ainda ser um dos melhores.

Nunca ouvi uma criança dizer que quer ser vendedor(a) quando crescer. Na realidade, acho que os pais não ficariam muito orgulhosos disso, não é verdade?

Pois bem, meus amigos, saibam que existem muito vendedores profissionais, que sempre viveram de vendas, que são muito bem-sucedidos e constituíram seus impérios VENDENDO.

Poderíamos então citar diversos exemplos:

– O ilustre Sr. Silvio Santos, que saiu de vendedor ambulante para dono de uma das maiores emissoras de TV do país e, até hoje, é considerado um dos maiores vendedores da atualidade;

– Podemos ainda lembrar a história do Sr. Ricardo Nunes, da Ricardo Eletro, que foi inspirado a despertar o seu dom, ainda jovem, quando perdeu seu pai aos doze anos e foi obrigado a ajudar a mãe, vendendo mexericas na porta de uma faculdade. Contudo, como um vendedor astuto, começou a perceber que algumas pessoas não compravam por preguiça de descascá-las; assim, resolveu então vendê-las descascadas e passou a arrebentar de vender mexericas. Já nessa época criava seu famoso bordão, "cubro qualquer oferta". Hoje é dono de uma rede com mais de 1.100 lojas, comandando mais de trinta mil funcionários;

– Por fim, precisamos lembrar-nos do renomado vendedor, ex-camelô e hoje palestrante conhecidíssimo, o Sr. David Portes, ou, como é conhecido, David Camelô, que assim como muitos de nós se descobre vendedor na necessidade. Precisou pedir R$ 12,00 emprestado ao porteiro de um prédio, à época ainda morador de rua, com sua esposa grávida e precisando de um remédio. No caminho, resolveu comprar os R$ 12,00 de balas. Com a venda delas dobrou o dinheiro, comprou o remédio e continuou comprando e vendendo balas. Mais tarde, na década de 1980, se tornaria um camelô diferenciado, com diversas estratégias de marketing, fidelização e encantamento dos clientes. Hoje vive das suas palestras pelo mundo e da sociedade com o filho em outras cinco empresas no ramo de comunicação, educação e tecnologia.

Fora os ilustres mestres vendedores listados acima, teríamos outras centenas de exemplos para mostrar como podemos vencer e conquistar o sucesso em vendas.

3º passo
Nunca pare de aprender e se preparar

Se tiver nascido com o dom da Venda, ainda assim terá que se preparar constantemente para não se tornar ultrapassado ou obsoleto. Caso não tenha nascido com o dom da venda, mas precisa trabalhar com vendas ou queira se dedicar a essa área maravilhosa, não se desespere, pois assim como em outras áreas podemos aprender a ser vendedor. Prepare-se mais e mais, estude, permita-se aprender com todos ao seu redor, clientes, líderes, colegas, subordinados etc. Faça sempre mais do que todos fazem normalmente. Exatamente isso, pois como não nasceu com o dom terá que desenvolvê-lo. Isso exige um pouco mais, mas é possível crescer como profissional de vendas e se tornar um grande vendedor. Assim como um jogador de futebol é preparado desde as divisões de base para se tornar um atleta de alto nível, com treino e dedicação você poderá se tornar TOP em vendas e obter excelentes resultados.

Poderia me usar como exemplo. EU mesmo não nasci com o dom de vendas, tinha uma influência muito grande pela área jurídica, primeiro em função da admiração ao amor à profissão que via nos olhos de meu inspirador PAI, advogado apaixonado e apaixonante. Mas também pelo interesse que sempre tive pela área de humanas e do direito. Involuntariamente, pesquisava e lia petições de meu pai, mesmo tendo somente dez ou doze anos de idade. Contudo, a vida me levou para outros caminhos, principalmente ao sair de casa, pouco antes de completar dezoito anos em busca de me graduar, o que me levou a deixar a família e amigos de infância em Salvador para morar em São Paulo. Assim, tive que buscar caminhar com minhas próprias pernas, adentrar as portas que se abriam, sem poder escolher muito. Fui ser vendedor em diversas empresas. Hoje, com uma carreira dedicada à área de vendas, a todo instante absorvo uma nova dica, desenvolvo uma nova forma de superar objeções, fazer um fechamento mais efetivo ou, ainda, aprendo uma nova técnica de venda.

Já ouviu falar em técnicas de vendas?

Vamos abordar apenas uma delas, a técnica do fazer o cliente dizer sim, sim, sim. Ou seja, três vezes sim.

Frases como:

– O senhor não gostaria de aproveitar a oportunidade agora?

– Quer fazer uma experiência, não?

– Não vai comprar esse lindo kit em promoção?

Vejam que todas essas perguntas tendem a nos levar a dizer: NÃO. Isso ocorre em diversos casos, de forma involuntária e sem que consigamos mensurar. Acreditem, muitas vendas são perdidas pela forma como perguntamos. O cliente gostou do produto, estava até precisando, mas no momento do fechamento da venda, foi induzido a dizer: NÃO.

Para que se consiga um sim em vendas, de forma verdadeira, é necessário aprimorar diversas frases positivas, levando o cliente a concordar contigo em diversos aspectos, ao ponto de, quando o levar ao fechamento, ele esteja completamente convencido de que o melhor a fazer é comprar. Sim, existem técnicas que podem nos ajudar demais com resultados incríveis.

Farei quatro sugestões afirmativas, que levariam o cliente a nos responder sim, contudo, elas podem variar de produto, serviço, cliente, abordagem. Isto é, de acordo com o seu negócio, busque fazer esse exercício, tentando perceber se com as questões formuladas a resposta mais óbvia seria SIM. Então vejamos:

– Na escolha de um produto, o senhor sempre procura algo que possa atender suas expectativas?

– No momento da compra de um produto, leva em consideração: qualidade, custo/benefício e referências, é isso?

– Se o serviço de manutenção de piscinas que procura for de qualidade atestada, possuir referências e ainda a um preço justo, contrataria esse serviço?

– Num mercado competitivo, sair à frente dos concorrentes em prestação de serviços, tecnologia é um diferencial, certo?

Existem outras ferramentas que, sem dúvida, podem ajudar demais numa negociação quando fazê-lo dizer SIM é quase impossível. A ideia nesse caso seria fazer o cliente dizer NÃO, com interpretação de SIM. Ou seja:

– A senhora não costuma deixar faltar bons alimentos na sua mesa, não é?

– O senhor não costuma perder uma oportunidade de ganhar dinheiro, não é ?

Então quer dizer que essas perguntas funcionarão sempre? Se decorá-las me tornarei um vendedor melhor? Não. Faço somente algumas brincadeiras com as palavras, na tentativa de apresentar alternativas para levá-lo aos resultados, ou seja, fechar negócio. Afinal, sejamos vendedores, representantes, supervisores, gerentes ou diretores comerciais, em algum momento estamos em negociações, até mesmo como consumidores/compradores, por isso é sempre bom conhecer as inúmeras técnicas de vendas que existem e que, possivelmente, algumas delas já nos levaram a comprar.

Pesquisando sobre o conhecimento, me deparei com uma imagem muito interessante. Essa ilustração nos remete a uma espécie de "ciclo da vida ou do aprendizado". Infelizmente não encontrei seu autor para dar-lhe o crédito, mas mostra o quão importante é aprender, ensinar e compartilhar.

Ciclo da vida ou do aprendizado:

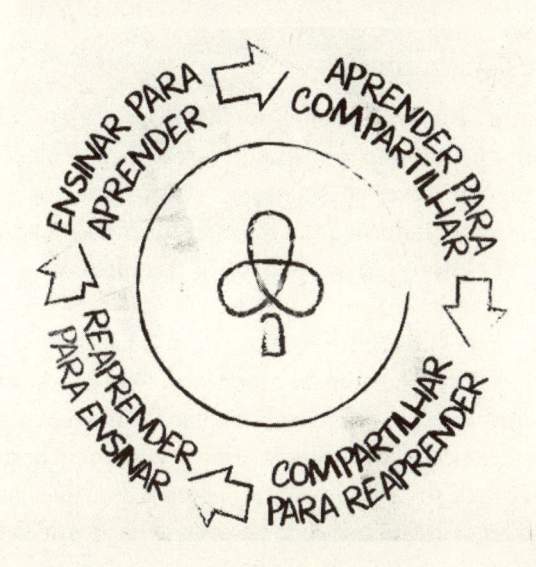

4º passo
Conheça seu produto ou serviço

Dedique-se a entender para que serve seu produto/serviço, quais as características e, principalmente, quais os benefícios que ele traz aos seus usuários. Lembre-se: vendemos benefícios, vantagens, satisfação e não características técnicas. Bom saber do mercado, seus concorrentes, vantagens e desvantagens do seu produto ou serviço em relação aos concorrentes, suas próprias fortalezas e fraquezas.

Conhecer o que está falando, mostrar segurança numa negociação é indispensável para que o seu cliente sinta-se seguro e confiante. Seu produto ou serviço ofertado deve se encaixar nas exigências ou necessidades dele, ou – por que não? – superar suas expectativas. Quando falamos em conhecer do que está falando significa conhecer o mercado em que está inserido, os concorrentes e seus posicionamentos, etc. Eis a venda ideal: vender algo que satisfaça e/ou supere as expectativas do seu cliente.

Sempre deixe em evidência aquilo que você tem de melhor e "venda isso caro" ao seu cliente, para que ele valorize cada gota de qualidade e satisfação que você tem a oferecer. Vender caro não quer dizer preço, quer dizer valor, ou seja, valorizar o que se tem, quando se vende um diferencial.

5º passo
Não desista, nunca

Persistir sem ser insistente, aprender com cada venda mal sucedida e assim continuar buscando novos métodos e técnicas de abordagens para reverter as objeções e resistências.

Ainda lembrando algumas frases históricas, assim dizia Napoleon Hil: "O esforço só é expresso em recompensa, quando uma pessoa se recusa a desistir".

Todas as pessoas de sucesso, seja de qualquer área, se pesquisarmos sobre elas, veremos que sua persistência, força de vontade em vencer e dedicação foram, sem dúvida, os grandes alicerces para que não desistissem nunca, e a cada derrota se fortalecessem em busca dos seus objetivos e sucesso desejado. Albert Einsten já dizia que "insanidade é continuar fazendo a mesma coisa e esperar resultados diferentes".

Você não é derrotado quando perde, você é derrotado quando desiste. Pensando assim acredito que podemos aprender com as derrotas, sem perder o foco nos objetivos a serem alcançados.

Frases que me inspiram:

– "Noventa por cento do sucesso se baseia simplesmente em insistir", Woody Allen.

– "Se você está atravessando um inferno, continue atravessando", Winston Churchil.

– "Quando penso que cheguei ao meu limite, descubro que tenho forças para ir além", Ayrton Senna.

6º passo
Seja ético

Fale sempre de seus produtos, sua empresa, sua logística, seus processos, suas fortalezas, ou seja, tudo aquilo que você faz de bom e com diferencial principalmente, mas nunca perca tempo criticando seus concorrentes, falando mal ou apresentando as deficiências deles, por mais que existam e sejam gritantes. Quanto mais focar no seu produto e no que tem a oferecer, mais tempo terá para convencer o cliente que você é a sua melhor escolha.

Certa vez recebi uma mensagem, dessas mensagens prontas, em algum desses "trocentos" grupos de WhatsApp que participamos. Por sorte, a pequena frase dava os créditos ao Sr. Sam Walton, e, como me chamou muito a atenção, descobri que ele era o fundador da maior rede de varejo do mundo, e de brinde ainda encontrei uma parte mais completa de sua apresentação, que dizia assim:

"Eu sou o homem que vai a um restaurante, senta-se à mesa e espera pacientemente, enquanto o garçom faz tudo, menos anotar o seu pedido".

"Eu sou o homem que vai a uma loja e espera calado, enquanto os vendedores terminam suas conversas particulares".

"Eu sou o homem que entra num posto de gasolina e nunca usa a buzina, mas espera pacientemente que o empregado termine a leitura do seu jornal".

"Eu sou o homem que explica sua desesperada urgência por uma peça, mas não reclama quando recebe somente após três semanas de espera".

"Eu sou o homem que, quando entra num estabelecimento

comercial, parece estar pedindo um favor, implorando por um sorriso ou esperando apenas ser notado".

"Você deve estar pensando que sou uma pessoa quieta, paciente, do tipo que nunca cria problemas... engana-se".

"Sabe quem eu sou? Sou o cliente que nunca mais volta".

"Divirto-me vendo milhões sendo gastos todos os anos em anúncios de toda a ordem, para levar-me de novo à sua empresa, sendo que, quando fui lá pela primeira vez, tudo o que deveria ter feito era apenas uma pequena gentileza, simples e barata: tratar-me com um pouco mais de cortesia".

"Só existe um chefe: o cliente. E ele pode demitir todas as pessoas de uma empresa, do presidente ao faxineiro, simplesmente levando seu dinheiro para gastar em outro lugar".

Por fim, lembre-se de que de forma direta (através de produtos e serviços) ou indireta (oferecendo ideias, crenças ou imagem) em algum momento nós estamos vendendo.

Aproveito para salientar o quanto é importante o acompanhamento de um mentor/coach para ajudá-lo a alçar voos ainda maiores. Voos esses que talvez nem saiba que são possíveis.

É possível chegar a excelentes resultados sozinho. Contudo, a ajuda de um profissional auxiliando a traçar o caminho entre seu ponto de partida (estado atual) e aonde quer chegar (estado desejado) fará com que seja possível identificar e superar os obstáculos e seguir firme rumo ao que deseja, com ações organizadas e cíclicas. Dessa forma, esses resultados podem se tornar, simplesmente, fantásticos e contínuos.

Parafraseando ainda com Napoleon Hil, tenho uma verdade comigo quando busco formar uma nova ou desenvolver uma equipe de vendas já existente: "Estar juntos é um começo, continuarmos juntos é um progresso, trabalhar em conjunto é um sucesso". Por isso, provoco incansavelmente que os integrantes de uma equipe, por mais competitivos que sejam, colaborem uns com os outros, compartilhem suas conquistas e "cases", para que, dessa forma, se crie um círculo virtuoso, onde um ajuda e é ajudado pelo outro a ser um profissional com melhor desempenho, isto é, de alta performance.

Boas vendas!

7

Prospecção digital
Como automatizar a captura de novos clientes para sua empresa

Você é vendedor e está cansado de prospectar empresas do jeito tradicional pesquisando de várias formas e ligando para tentar agendar visitas com um percentual de resultado muito baixo? Ou então já chegou em empresas e o comprador diz que compra tudo procurando antes pela internet? Leia este capítulo e entenda como você pode ser encontrado na internet e vender mais com a prospecção digital!

Cristiano Morales

Cristiano Morales

Consultor empresarial, palestrante e treinador. Graduado em Administração de Empresas. Formação em Marketing Digital. Certificado como Especialista em Vendas Online. Certificado como Especialista em Compra de Tráfego. Certificado como Especialista em *Copywriting* (técnica de redigir conteúdos com o objetivo de promover e vender bens, serviços e marcas). Criador do método MEEPE - Mensagem, Embalagem, Expressão, Preparação e Espetáculo - para comunicação persuasiva. Atua no Brasil e exterior com consultoria, palestras e treinamentos, ajudando empresas e profissionais liberais a aumentarem seu faturamento e lucros. É sócio diretor da Morales Consultoria & Palestras, empresa com sede em São Paulo.

Contato
cristiano@cristianomorales.com.br

Vendedor com muito orgulho!

João Roberto é vendedor há muitos anos e se orgulha disso. Tem em seu currículo experiências diversas, tendo começado como vendedor interno de uma loja famosa em sua cidade natal, onde aprendeu a gerar empatia com seu prospect (uma pessoa ou empresa que tem potencial de compra, mas ainda não é cliente) e conduzir o fechamento. Foi também vendedor interno de indústrias de diferentes segmentos e hoje é um bem-sucedido representante comercial com uma cartela de clientes lucrativa em uma região de pouco mais de 150 quilômetros de raio.

Apesar de ostentar toda essa satisfação com a profissão que escolheu, nos últimos anos ele tem se preocupado com um assunto que vem impactando muito sua área de atuação: a tal da internet. O medo e o desconforto de muitos vendedores com relação à internet é até compreensível, pois de fato ela tem proporcionado mudanças irreversíveis no comportamento dos consumidores e nos departamentos de compras das empresas. Muitos vendedores que atuam com B2B (empresa que vende para outra empresa) ou B2C (empresa que vende para o consumidor final) estão se questionando se um dia sua profissão irá se extinguir, se a internet é uma aliada ou uma vilã, se pode ou não usufruir de tudo o que ela pode oferecer para potencializar significativamente suas próprias vendas.

Uma dificuldade de muitos vendedores

João conta que já aconteceu mais de uma vez em que ele, em suas ações de prospecção (buscar novos clientes para sua empresa), fez visitas iniciais, apresentou seus produtos, deixou catálogos, amostras e, como todo bom vendedor, seu cartão de visitas contendo, inclusive, seu número de celular e WhatsApp. Porém, quando retornou àquela cidade no mês seguinte, espantou-se com a compradora que disse ter precisado de produto semelhante e achou mais prático buscar no Google e entrar em contato direto com as empresas que encontrou na "primeira página" da pesquisa. Lamentável, pensou João Roberto, que todo o trabalho que tive em vir pessoalmente até a empresa, toda atenção que despendi, gastos que tive com hotel, combustível, pedágios, alimentação... Tudo se perdeu devido a uma simples busca na internet... Algo precisa mudar!

Existe uma saída?

Foi então que ele começou a pesquisar mais sobre o assunto (na própria internet, claro) e algo clareou em sua mente: assim como ele realizava um verdadeiro trabalho de consultoria em suas vendas, mostrando vantagens e desvantagens de cada linha de produtos de forma que eles entendessem qual seria a melhor para seus próprios negócios, também um consultor profissional poderia ajudá-lo a entender melhor qual a lógica por trás dos mecanismos de busca e como ele poderia automatizar sua forma de conquistar novos clientes e, consequentemente, aumentar suas vendas. E assim João Roberto entrou em contato com um especialista e agendou uma videoconferência, em que aprendeu que as empresas que verdadeiramente conseguem resultados na conquista de novos clientes e aumento de vendas por meio da internet sempre têm uma estratégia eficaz e comprovada e ações concatenadas e precisas.

A forma tradicional de buscar por novos clientes

No mundo off-line, ou seja, da forma como todos nós vendedores fizemos durante anos, seguimos alguns passos em nosso processo (formal ou informal) de prospecção de novos clientes (ou captação de novos clientes) que, basicamente, são: 1. pesquisar por novos potenciais clientes por meio de indicações, conversas, pesquisas na internet etc.; 2. estabelecer um contato inicial, fazer a apresentação dos produtos ou serviços; 3. oferecer os catálogos, apresentação impressa da empresa, brinde etc. e pegar os dados básicos da empresa como o nome e e-mail do comprador, telefone etc.; 4. iniciar um relacionamento com visitas periódicas e/ou telefonemas; e 5. efetivar o cliente com o primeiro pedido. Para facilitar a compreensão do processo no ambiente on-line vou utilizar estas mesmas cinco fases adaptando-as e aprofundando-as. Você verá como essa estratégia é acessível não apenas para empresas, mas também para vendedores que queiram se diferenciar em seu segmento e prospectar novos clientes de forma automatizada. Vamos lá?

A estratégia para conquistar novos clientes com a internet e vender mais!

1 - Atrair novos potenciais clientes

Isso mesmo, atrair. Uma das atividades que mais demandam tempo e energia do vendedor é a prospecção de novos clientes, e isso justamente pela necessidade de atividades quase que inerentes a um detetive... Já na estratégia digital nós utilizamos técnicas comprovadas mundialmente para atrair esses novos potenciais clientes, e fazemos isso com base em seu próprio comportamento on-line. Um dos quatro comportamentos básicos de todo internauta é a utilização dos motores de busca como Google, Yahoo, Bing e outros. Esses motores de busca ou ferramentas de busca são os intermediadores entre o usuário que está pesquisando por algum termo e o proprietário do conteúdo que pode auxiliá-lo.

Um exemplo claro: uma empresa precisa desenvolver embalagens para uma nova linha de produtos que lançará em breve e incumbiu o departamento de compras a levantar possíveis fornecedores que possam auxiliar nessa missão, além do atual fornecedor. Esse comprador ou compradora irá realizar uma busca no Google (ou outro buscador semelhante) com os seguintes termos: "empresa de embalagens especiais em Campo Grande", e esse buscador, por meio de algoritmos de programação, irá "ler" o conteúdo publicado em dezenas, centenas ou até milhares de sites e blogs, conforme a relevância do termo buscado, e então apresentar as melhores "respostas" àquilo que foi pesquisado. Quando falamos em SEO – Search Engine Optimization (Otimização do Motor de Busca) estamos nos referindo basicamente em analisar como nossos potenciais clientes realizam suas buscas na web, quais termos e palavras costumam utilizar e então programar isso tudo no site e, principalmente, redigir e publicar artigos para "responder" a essas pesquisas de forma eficaz, melhorando cada vez mais a posição do site da empresa nos resultados das pesquisas do Google, Yahoo etc.

Passos básicos para esta primeira fase da estratégia:

1. Tenha seu próprio site e/ou blog na internet de forma profissional (nada de pedir para o sobrinho nerd que entende "bastante de computador"...). Tenha em mente que o site e blog não podem ser apenas bonitos esteticamente, mas precisam ser pensados e criados para ser atraente ao consumidor;

2. Defina seu público-alvo claramente. Para quem você quer vender? Onde moram? Qual a idade? Qual o sexo? Com qual frequência costumam comprar seu produto ou serviço? Conheça seus problemas, suas dores e o que o motiva a comprar seu produto ou serviço;

3. Estabeleça uma linha editorial, ou seja, que tipo de publicações você fará? Artigos técnicos? Artigos informativos? Videoaulas? Vídeos de dicas do seu mercado? Comprometa-se também com uma periodicidade das publicações, todas as quartas-feiras um novo artigo e toda sexta-feira um novo vídeo, por exemplo;

4. Redija os artigos e/ou grave os vídeos conforme a linha editorial adotada. Lembre-se de que existem redatores profissionais tanto para os artigos quanto para os roteiros de vídeos, caso você mesmo não queira realizar essa atividade e não tenha ninguém em sua equipe para tal;

5. Publique o material usando sempre as técnicas de SEO, conforme expliquei acima. Busque profissionais competentes e experientes no assunto caso seja necessário, pois essa etapa é essencial para o sucesso de toda a estratégia.

2 - Fazer a apresentação inicial

As pessoas estão preocupadas consigo mesmas, estão buscando alguma forma de resolver seu próprio problema (a embalagem nova, o aquecedor solar, o carro novo etc.) e é esse tipo de publicação que as agrada. Um texto ou vídeo de apresentação precisa começar ressaltando algum problema real do prospect que seu produto ou serviço possa resolver ou uma oportunidade única imperdível que chame a atenção dele e desperte o desejo de continuar lendo ou assistindo. Depois que você conseguir sua atenção, então é o momento de envolvê-lo ainda mais, dizer que você e sua empresa podem ajudá-lo e só então apresentar sua solução.

O segundo ponto essencial é onde este vídeo ou texto será apresentado para o público. O ideal é que seja publicado em uma página específica do site que costumamos chamar de *landing page* (página de aterrissagem), que é também onde teremos o formulário digital para coletarmos os dados básicos do prospect em troca de um presente, como veremos no próximo passo da nossa estratégia. Faça anúncios de imagens ou textos criativos e elegantes que despertem no usuário o desejo de ir até a *landing page* para assistir o vídeo ou ler o texto e receber seu presente gratuito.

3 - Oferecer algo e cadastrar o novo prospect

Na mesma *landing page* onde estará a carta de apresentação do produto, serviço ou empresa, também deverá existir um formulário de cadastro apenas com dados básicos e essenciais para este primeiro contato. Não queira deixar ali um cadastro supercompleto com endereço, CNPJ etc.; foque neste momento apenas nos dados essenciais para que não haja resistência psicológica do usuário em deixar ali seus dados. Muitas vezes apenas nome e e-mail são suficientes nesta fase e, quando muito, também um número de telefone e o nome da cidade.

Mas por que alguém deixaria ali seus dados? Simples, porque você dará algo em troca que seja atrativo e útil ao seu futuro cliente. Costumo chamar esse presente de ímã (justamente porque tem a função de atrair o prospect) e pode ser digital ou físico. Alguns exemplos de ímã digital: e-books, infográficos, testes diversos, jogos, videoaulas, cupons de desconto, catálogos digitais, etc. Alguns exemplos de ímã físico: livros, revistas, catálogos impressos, brindes em geral (canetas, *squeezes*, chaveiros...), ingressos para eventos etc.

Lembre-se de que é de suma importância que um profissional competente e experiente configure todo esse processo para sua empresa. O formulário precisa estar sincronizado com uma ferramenta de e-mail marketing profissional para que possa iniciar, imediatamente após o novo cadastro, um relacionamento digital como veremos a seguir.

4 - Iniciar um relacionamento digital

Um sistema profissional de e-mail marketing configurado com as sequências e redação corretas dos e-mails irá substituir com esmero todo o tempo, recursos, telefonemas e viagens utilizados para nutrir aquele potencial futuro cliente (que nesta fase chamamos de *lead*).

Algumas dicas estratégicas para esta fase:

- NUNCA compre uma lista de e-mails ou mailing para começar um relacionamento digital. Isso é SPAM e irá prejudicar sua empresa de muitas formas. É preciso ter a anuência do usuário em fornecer seu próprio e-mail para você;
- Pessoas gostam de se relacionar com pessoas. Sempre envie os e-mails em seu nome ou de uma pessoa que represente sua empresa;
- Sempre deixe um link ao final de cada e-mail para que o *lead* possa se descadastrar da sua lista, caso queira;
- Ninguém gosta de receber apenas propagandas. Envie e-mails que sejam interessantes para seus *leads* e, no momento certo, faça sua oferta.
- Existem técnicas para a redação de e-mails que proporcionam uma melhor experiência de leitura ao *lead*. Os textos jornalísticos não são atrativos para este tipo de estratégia. Existem cursos a respeito e diversos profissionais que prestam esse tipo de serviço que chamamos de *copy* ou *copywrite*.

5 - Identificar o momento certo de fazer a abordagem pessoal e concretizar a primeira venda

Algumas ferramentas de automação conseguem acompanhar a trajetória do *lead* desde o momento em que ele deixou seu e-mail de contato e todo seu comportamento desde então, como quantos e quais e-mails ele abriu, se ele clicou em algum link interno para ser direcionado ao seu site, quanto tempo ele permaneceu em seu site e quais páginas ele visitou etc., e assim essas ferramentas sugerem o momento certo para o vendedor entrar em contato com o *lead* e fazer sua oferta.

Outra forma menos sofisticada, porém muito usada, é provocar a solicitação de contato por parte do *lead*. Basicamente funciona por meio de CTA (*Call To Action* / Chamada Para Ação), que deve estar presente em momentos certos de e-mails, artigos, vídeos e outras formas de conteúdo e que direcionem o usuário de forma imperativa, porém elegante, a realizar determinada ação. Em nosso caso, preencher um simples e objetivo formulário solicitando um contato do vendedor.

Economize tempo, dinheiro e energia utilizando esta estratégia

Quer automatizar a captura de novos clientes para sua empresa? Essa é a melhor estratégia utilizada atualmente. Seja você vendedor ou empresário que atue no B2B ou B2C, bastam pequenas adaptações táticas para que você comece a facilitar a vida da equipe comercial potencializando seu trabalho e, consequentemente, aumentando seu faturamento mensal.

E assim João Roberto vislumbrou a internet como uma grande aliada da sua nobre profissão e colheu lucrativos frutos da sua decisão. E você?

8

Profissão vendedor

Vender, sem dúvida, é uma das maiores necessidades das empresas. O vendedor bem-sucedido é aquele que encara a sua profissão como a melhor do mundo, tem uma postura profissional para isso e desenvolve um perfil empreendedor com habilidades pessoais e profissionais inovadoras. Também o profissional liberal, se quiser ter sucesso, precisa entender que ele é o principal vendedor do seu negócio e agir como tal

Edelcio Fochi

Edelcio Fochi

Franqueado da K.L.A. Educação Empresarial e também palestrante licenciado da Escola de Vendas K.L.A. Especialista em Vendas e Marketing e consultor de empresas há mais de 25 anos. Professor universitário há mais de 20 anos em cursos de Graduação e Pós-graduação das disciplinas: Técnicas de Negociação e Vendas, Negociação Empresarial, Negociação Internacional, Promoção de Vendas, Comportamento do Consumidor e CRM. Vasta experiência em consultoria empresarial na área comercial, com foco em Planejamento, Organização e Implantação dos departamentos de Vendas e Marketing, com trabalho já realizado em diversas empresas. Atuação em treinamentos, ministrando cursos (*in company*) e palestras nas áreas de Relacionamento Interpessoal, Atendimento a Clientes, Vendas (B2B e B2C), Marketing e Gerenciamento de Mudanças. Coautor do livro "Manual de relacionamento com o cliente: como construir parcerias duradouras e transformar clientes em fãs do seu negócio". São Paulo: Literare Books, 2016.

Contatos
www.edelciofochi.com
www.facebook.com/klasorocaba
edelcio@grupokla.com.br

Por que ser um vendedor?

Vender. Sem dúvida é uma das maiores necessidades de uma empresa. De que adianta uma empresa possuir grande capacidade para desenvolver novos projetos, produzir com eficiência, administrar com maestria se ela não tem a mesma desenvoltura em suas atividades comerciais? De que adianta ter produtos de qualidade, entregues na hora certa e com preços competitivos se não se tem uma boa equipe de vendas, formada por profissionais altamente qualificados?

Por muito tempo, nas primeiras fases da evolução do marketing, o processo de vendas da empresa não era visto com a devida importância. Os departamentos comerciais eram verdadeiras caricaturas e funcionavam de forma totalmente amadora. Os profissionais da área eram recrutados sem o cuidado necessário e raramente eram treinados e motivados para o seu importante trabalho.

Também essa não era a exigência do mercado, e tampouco dos clientes. Hoje, no entanto, a atividade de vendas ganha outras dimensões. O mercado está cada dia mais competitivo, os produtos estão bastante nivelados em suas qualidades tangíveis, e as ofertas de produtos com características semelhantes colocam o consumidor cada vez mais em dúvida do que comprar e qual marca escolher. Não bastasse isso, os clientes querem empresas com um departamento de vendas eficaz, que faça por eles o melhor. Querem não apenas um vendedor, mas um consultor de vendas – um conselheiro – que os oriente em suas decisões de compras.

E o profissional de vendas? Ele, mais do que ninguém, tem que evoluir e profissionalizar-se cada vez mais, sob pena de estar fadado ao fracasso. O vendedor tem que ser uma pessoa especial. Ser criativo, ter iniciativa, ser persistente, saber planejar, ser disciplinado, motivado e, acima de tudo, gostar de desafios. Porém, nada disso acontece se ele não tiver vontade. Vontade de criar, vontade de planejar, vontade de vencer novos desafios e, principalmente, vontade de estar sempre aprendendo para não ser apenas um bom vendedor, mas o melhor. Precisa acreditar que a vontade é seu diferencial competitivo e a responsável direta pelo seu futuro sucesso.

Por esses e vários outros motivos, as ações do departamento de vendas e a profissão de vendedor não são das mais fáceis. Entretanto, podemos afirmar com conhecimento de causa que ela é uma das mais apaixonantes e estimulantes. Vender não é para qualquer um. Vender é para aqueles que estejam bem preparados, que possuam força de vontade e que realmente acreditem que VENDAS É A MELHOR PROFISSÃO DO MUNDO!

Eu vivi essa experiência em vendas logo no meu primeiro emprego. Formei-me em 1976, em Tecnologia Mecânica, e durante todo o curso me imaginava trabalhando em uma grande empresa, desenvolvendo projetos ou processos mecânicos ligados à minha formação. Porém, atendendo um anúncio de emprego fixado no mural da faculdade, me candidatei ao processo de seleção e fui chamado para a entrevista em uma empresa chamada COBRASFER – Companhia Brasileira de Ferramentas, uma grande importadora de ferramentas e equipamentos para indústrias do segmento de Metalmecânica na cidade de São Paulo. Lá me explicaram que o cargo era relacionado a vendas técnicas, algo de que nunca tinha ouvido falar e que jamais passou pela minha cabeça como opção de trabalho. Resumindo, fui aprovado no processo de seleção e aceitei o trabalho, sendo o meu primeiro registro como "Engenheiro de Vendas". Comecei a trabalhar no dia 03 de janeiro de 1977 e a me apaixonar pela profissão de vendas, e acredito que foi o que de melhor podia ter acontecido para mim, pois abriu novas perspectivas de aprendizado e possibilidades profissionais. Aprendi muito e passei a entender a importância vital da área comercial para as empresas e, ao longo da minha carreira profissional, até os dias de hoje, credito boa parte do meu sucesso a ter começado minha carreira na área de vendas.

Hoje, após muitos anos estudando e trabalhando nessa área, posso afirmar com bastante convicção que as empresas precisam entender o mais rápido possível, sob pena de perderem muito mercado, que precisam contar com vendedores profissionais e não vendedores "por acaso". Por isso, para terem sucesso no mercado em que atuam, tanto os vendedores quanto as empresas precisam assumir uma nova postura.

A nova postura do profissional de vendas

A maior parte da força de trabalho de nosso país é composta de pessoas ligadas a vendas, com profissionais dos mais variados níveis e categorias e com atuação em todos os ramos de negócios.

O PIB (Produto Interno Bruto), em sua totalidade, é resultado do processo de vendas, quaisquer que sejam elas. Todo negócio realizado tem a participação de um vendedor, um revendedor, um representante ou um corretor, enfim, algum profissional ligado a vendas. Tudo gira em torno dessas pessoas. O sucesso ou o fracasso de qualquer tipo de negociação depende da competência dos profissionais diretamente ligados à área de vendas. Até mesmo os profissionais liberais, para ter sucesso, precisam entender que eles são os principais vendedores de seus serviços e devem atuar como tal. Mais à frente, vou dedicar um espaço especial para essa categoria de "vendedor".

Mas, apesar de seu importante significado econômico, o ramo de vendas no Brasil é marcado por um amadorismo impressionante. Muitas vezes somos atendidos por pessoas sem a menor informação de técnicas de vendas e negociação, de bom atendimento e até mesmo sem o mínimo conhecimento daquilo que estão vendendo – seus produtos e serviços.

Para muitos, ainda se entende que vender é uma atividade que qualquer um pode exercer. Basta perder um emprego qualquer e lá vai o cidadão se aventurar a pegar uma pasta e dizer que vai ser "vendedor". O pior de tudo é que grande parte das empresas são coniventes e aceitam essas pessoas, entregando nas mãos delas o seu maior patrimônio: sua carteira de clientes. O prejuízo somente será notado lá na frente, por ambos.

Se existe uma verdade na área comercial é que a profissionalização em vendas no Brasil irá acontecer mais em função do estado de urgência das empresas, motivadas pela grande competitividade do mercado, do que por qualquer outro motivo.

Torna-se necessária uma nova postura do profissional de vendas, em todos os níveis. É missão daqueles que comandam vendas preparar melhor suas equipes, treinando-as continuamente e indo a campo com seus vendedores, pois só assim se alcançará a excelência na arte de vender e se conquistará o status de "Classe Mundial". Mas, para ter sucesso, o vendedor precisa desenvolver um novo perfil.

Perfil do vendedor de sucesso

Com certeza, uma das maiores virtudes de um vendedor é gostar das pessoas e saber lidar com elas. Num relacionamento comercial entre empresas, acima de tudo está o relacionamento interpessoal: são as pessoas que decidem, baseadas em seu conhecimento e sua sensibilidade.

O vendedor profissional é aquele que sabe que a venda é um ciclo que se inicia na prospecção de clientes e jamais termina. Uma vez conquistado o cliente, após árduo trabalho, o vendedor deve trabalhar mais ainda para preservar, para mantê-lo fiel, encantá-lo dia a dia com excelente atendimento e muito profissionalismo, aumentando assim as suas vendas.

Hoje, para ser bem-sucedido, o vendedor precisa incorporar cada vez mais ao seu perfil as seguintes características:

Ser empreendedor (e agir como tal)
- Conhecer seu potencial (saber administrar seus pontos fortes e fracos).
- Conhecer todas as características e benefícios de seus produtos, bem como as suas melhores aplicações.
- Conhecer (continuamente) o seu cliente: o que faz e como faz.
- Conhecer seu concorrente: suas ações, pontos fortes e fracos, seus produtos etc.
- Estudar as pessoas e seus comportamentos.

Investir em habilidades pessoais e profissionais
- Ter habilidade para trabalhar em equipe e espírito de liderança.
- Investir em aprendizado contínuo – ser um estudioso a vida toda.
- Absorver novos conceitos do seu setor.
- Ser um profissional ético e de bom caráter.
- Saber planejar.
- Ser bom negociador (ganha-ganha).
- Ter bom relacionamento interpessoal.

Ser inovador
- É preciso inovar. Criar novas apresentações de vendas para surpreender seus clientes e seus concorrentes.
- É preciso se reinventar constantemente. Pare de perguntar aos clientes o que eles querem, ou continuará recebendo a mesma resposta: PRECINHO e PRAZÃO.

Buscar parcerias com clientes
- Olhar o cliente como um *costumer equity* – o valor líquido do cliente em toda a sua vida. Ver o cliente dessa forma e buscar parcerias profícuas e duradouras com ele.
- Comprometer-se com o sucesso do cliente, oferecendo soluções que permitam ganhos a ele (redução de custos ou aumento da lucratividade).
- Desenvolver relacionamento em todos os níveis e funções do cliente.
- Agir sempre como elo facilitador de negócios entre a sua organização e o cliente.
- Estabelecer uma simbiose com o cliente, com a finalidade de aumentar a lealdade e a fidelização.

Algumas linhas atrás, quando escrevi sobre "A nova postura do profissional de vendas", citei os profissionais liberais e disse que dedicaria um espaço para essa categoria.

Para se dar melhor no mercado em que atua, todo profissional liberal deveria entender que a palavra "vendedor" deveria preceder seu título de formação profissional. Por exemplo: Vendedor Médico, Vendedor Advogado, Vendedor Dentista, Vendedor Psicólogo, e assim por diante. Mas não basta a palavra "vendedor" apenas preceder seu título; é preciso também ter conhecimentos e desenvolver habilidades de vendedor e agir como tal. Será preciso aparecer, ser percebido e desejado pelos seus clientes e prospectes.

Profissional liberal – apareça e venda seus serviços

Ouço com bastante frequência a reclamação de vários profissionais liberais sobre as dificuldades enfrentadas para vender seus serviços, ou, quando conseguem vendê-lo, o baixo valor da remuneração, fruto de uma concorrência cada vez mais feroz e, em alguns casos, predatória e pouco ética. Tenho observado ao longo desses anos vários desses profissionais (advogados, dentistas, médicos, engenheiros, consultores etc.) trabalhando muito mais do que antigamente e, também, ganhando menos. Essa é uma situação estressante e desmotivadora, levando a grande maioria dessas pessoas a criar o hábito de reclamar e choramingar o tempo todo devido a essa provável situação de penúria a que foram levados, esquecendo-se de dar valor e despender energia para o que é mais importante: não se conformar com essa situação e reagir.

Pois bem, meus caros, tenho duas notícias para vocês, uma ruim e uma boa: a ruim é que essa situação deve perdurar e até piorar; a boa é que, se você quiser, pode melhorar a sua situação.

O que é preciso para isso? Acima de tudo, muita vontade e determinação para colocar-se em ação.

Não se conforme com essa situação, aja, comece ainda hoje, aplicando algumas regrinhas básicas que são utilizadas por Empresas e Vendedores Campeões, que poderão mudar o rumo das coisas:

1. Mexa-se – não espere que as coisas aconteçam, faça-as acontecer. Como disse George Bernard Shaw: "As pessoas que vão para a frente neste mundo são as que levantam e procuram as circunstâncias que querem. Se não as encontram, criam-nas".

2. Seja criativo – inove – saia da zona de conforto. Crie diferenciais competitivos que o destaquem dos demais e faça com que seus clientes percebam isso rapidamente. Ser criativo, por exemplo, é ver o que todo mundo vê e pensar o que ninguém pensou.

3. Estude sempre – aprenda coisas novas, novas técnicas de como fazer melhor o seu trabalho. Lembre-se de que a habilidade de aprender mais depressa que seus concorrentes pode ser a única vantagem competitiva.

4. Doe seu tempo – dedique uma parte do seu tempo para fazer palestras gratuitas sobre temas relevantes e que você domina. Essa é uma ótima maneira para se tornar conhecido. Se você tem dificuldade para falar em público, faça um curso de oratória.

5. Cuide da sua marca – no caso o seu nome. Sim, para um profissional liberal sua marca é o seu nome. Você deve cuidar dela como as empresas cuidam das marcas de seus principais produtos. Dê visibilidade a sua marca. Você só será o primeiro no mercado quando for o primeiro na mente dos seus clientes.

6. Reforce o relacionamento – não se lembre de seus clientes apenas quando você precisa deles. Mantenha contato com frequência telefonando e mandando cartões de felicitações no Natal, Páscoa, aniversário, dia comemorativo da profissão dele etc.

7. Agradeça – as pessoas que o indicam a outros. Uma das melhores propagandas para o profissional liberal é o boca a boca. Mande um cartão de agradecimento para quem indica o seu nome. Com certeza ele indicará mais ainda.

Essas são algumas, de tantas outras, regrinhas simples, mas se colocadas em prática, juntamente com o que disse anteriormente sobre o "Perfil do vendedor de sucesso", poderão fazer a diferença entre você e seus concorrentes.

Entenda que vender é para profissionais bem preparados e qualificados e que, daqui em diante, se darão bem somente aqueles que se apresentarem e agirem como verdadeiros PROFISSIONAIS DE VENDAS.

9

Momento mágico
Como superar expectativas em vendas transforma clientes em fãs do seu negócio

Momento mágico é muito mais que só uma proposta de valor, momento mágico faz parte de um conjunto de ações do processo de gestão de relacionamento com cliente que integram tecnologia, processo e pessoas com o objetivo de tornar a relação empresa e cliente muito mais lucrativa e duradoura. A seguir, dicas de como superar a expectativa de seu cliente pode transformá-lo em fã do seu negócio e multiplicar suas vendas

Elisangela Ransi

Elisangela Ransi

Palestrante especialista em Relacionamento com o Cliente e Atendimento ao cliente Estilo Disney. Apaixonada por vendas. Há mais de 20 anos atua no segmento comercial, seu primeiro certificado de "Campeã de Vendas", aos 16 anos de idade, foi conferido pela multinacional "Xerox do Brasil". Graduada em Marketing, a didática e a metodologia aplicadas a seu trabalho na Educação Corporativa são fruto do aprendizado de sua primeira formação, o magistério. Empresária, proprietária do Instituto ER – Treinamento e Desenvolvimento Profissional e Gerencial. Master Coach pelo Instituto Holos Internacional Certification ISOR® System Holomentoring + Coaching Life Professional desde 2008. Practitioner em PNL com Certificação Internacional por Richard Bandler. Autora do livro *Impossível...? Eu posso! 7 Saltos para a realização de seus sonhos*. Coautora do livro *Manual de relacionamento com o cliente – Como construir parcerias duradouras e transformar clientes em fãs do seu negócio*.

Contatos
www.institutoer.com.br
atendimento@institutoer.com.br
Instagram: @elisangelaransi
www.facebook.com/ransielisangela/
(11) 95150-5888 / (11) 2228-0202

Hoje os clientes estão cada vez mais conectados, compram 24 horas por dia, 7 dias da semana e falam abertamente sobre suas experiências de compra, qualificando as empresas de forma positiva e negativa, através de sites e redes sociais. Essa qualificação faz toda a diferença na decisão de compra de outros novos clientes, porque eles buscam mais do que somente o bom preço, procuram uma empresa diferente que se destaque por transmitir confiança, que resolva seus problemas cobrando um preço justo, ele quer ser surpreendido com agilidade, quer receber atenção e identificação com ele, e perceber que sua empresa tem prazer em atendê-lo, buscam experiências inesquecíveis, "Momentos Mágicos", aqueles pequenos "uaus" antes, durante e depois de cada etapa do processo de venda.

Em entrevista ao Site Endeavor, Alice Matheson, ex-diretora do Disney Institute, diz que um momento mágico é algo que qualquer pessoa ou qualquer negócio pode fazer, mantendo atenção aos detalhes, esses pequenos "uaus" que seus clientes procuram podem estar escondidos atrás de simples ações, como um atendimento mais eficaz ou até mesmo uma comunicação mais personalizada que faça com que ele sinta que sua empresa realmente se importa com ele, este também é um dos segredos da Disney para encantar seus clientes.

Walt Disney, quando idealizou a Disneyland, tinha como sonho criar um lugar mágico e seguro onde suas filhas pudessem se divertir. Com o passar dos anos, mesmo depois de seu falecimento, essa ideia continuou firme e agora é o que move milhares de pessoas, todos os dias, dentro dos parques temáticos que transformam sonhos em realidade. E, para que tudo isso aconteça, é preciso ter um time alinhado e um excelente atendimento, focando em seus clientes, em seus desejos e paixões, entendendo realmente o que eles querem, como suas empresas podem entregar isso da forma mais mágica e surpreendente possível, diz Alice Matheson.

A seguir três exemplos da importância de criar ou deixar de criar momentos mágicos.

Pequenos detalhes

Eu e minha família compramos com frequência em um shopping próximo a minha casa, somos clientes de uma determinada ótica há alguns anos. Essa ótica oferece boa qualidade nos produtos, porém preço e prazo de entrega ruins, o atendimento também não tem grandes diferenciais.

Em nossa última visita ao oftalmologista descobrimos a necessidade de meu filho de mais de 13 anos usar óculos. Para a compra desses óculos, em função da ótica que nos atendia não apresentar grandes diferenciais, optamos em orçar a receita em outra ótica no mesmo shopping. A loja escolhida tinha um nome mais conhecido, uma rede popular, também, acreditava que era importante conhecer outros valores e serviços, porém estava um tanto insegura por não conhecer a loja e preocupada em talvez receber um produto de baixa qualidade em função de o preço ser menor, mesmo assim resolvi conferir.

Entramos na loja, fomos bem recepcionados com muita cortesia, o que já superou minhas expectativas, a loja tinha grande variedade de modelos, melhores preços e prazos de pagamento. Foram apresentadas várias opções de armações e lentes, quando a atendente mesmo sem termos fechado a venda, ou ter dado qualquer sinal de que iríamos fechar, pois nem tínhamos negociado, nos trouxe uma bandeja com um suco, uma água, um monte de salgados e um pote de bala, especialmente para minha família. "Uau", era tarde, estávamos realmente com fome e com sede; só depois de termos provado o oferecido partimos para a negociação, e então soubemos que este era o padrão de recepção para todos os clientes, o que já causa uma identificação, pois você percebe que, mesmo de forma muito simples, a empresa teve prazer em nos receber, como recebemos uma visita querida em nossa casa, e assim fechamos negócio com um atendimento muito melhor do que o concorrente, melhor preço, prazo de entrega e condição de pagamento. Uau!

Nunca diga não

Recentemente eu e minha família fizemos uma viagem de férias para Cancún, no México. Ao contratar o serviço de hospedagem aqui no Brasil, entre todas as informações gerais apresentadas pela empresa, fui informada que o resort que escolhi tinha um atendimento baseado no conceito "Nunca diga não", ou seja, os colaboradores do resort são treinados para não dizer não aos hóspedes. Fiquei muito curiosa para conhecer e usufruir.

Chegando ao Resort, busquei uma boa e real oportunidade de conhecer esse atendimento, e realmente tudo era de primeira linha, atendimento, serviço de quarto, instalações, sistema *all inclusive*, perfeito, mas logo um problema surgiu.

Instalaram-nos em um quarto no piso térreo, na esquina do corredor, muito bonito o quarto, mas a sacada dava para um grande jardim, de frente para o mar, mas com pouca visão, pois era de localização pouco privilegiada, e para ajudar esta região tem uma grande quantidade de iguanas grandes livres, com acesso fácil à sacada, consequentemente à parte interna dos quartos. Tenho dois filhos, um deles tem verdadeiro pavor de iguanas, o que me causaria grandes problemas se uma delas resolve-se se instalar em nosso quarto. Bom, essa era uma ótima oportunidade de conferir o conceito "Nunca diga não" e solicitar a troca do meu quarto para um que não fosse de esquina, para termos também uma rede e aproveitarmos ainda mais varanda, e deveria ser nos pisos superiores para termos uma visão perfeita daquele mar maravilhoso e fugir das iguanas da sacada.

Fui até a recepção, que compreendeu minha solicitação e informou que me atenderia, pediu que eu aguardasse o mensageiro no quarto para a troca. Rapidamente, fomos encaminhados ao novo quarto, e para minha surpresa o conceito mais do que funcionou, a preocupação de que nós não tivéssemos tido uma boa impressão do resort foi tão grande que nos hospedaram na cobertura, no quarto andar. "Uau", em uma suíte duplex com terraço no segundo piso com hidromassagem e espreguiçadeiras exclusivas, uma vista magnífica para um mar azul como o céu, surpreendente, ficamos plenamente satisfeitos, superaram nossas expectativas.

Mas como isso funciona? Simples, para um funcionário poder dizer não a um cliente deve ter a aprovação do seu gerente, estávamos em baixa temporada, o resort tinha quartos livres, então qual a dificuldade de oferecer mais do que esperávamos para nos fidelizar e recebermos uma experiência que sem dúvida foi realmente especial.

Pense nisso... A filosofia é simples, o bom atendimento constrói fortunas, o mau atendimento leva seus clientes para os concorrentes. Toda política de serviço aplicada aos funcionários é de "use o bom senso em todas as situações", isso é um atendimento muito além do dever.

A entrega dos sonhos

Parte de meu trabalho é direcionado ao treinamento, palestras e coaching para setor comercial automotivo, em lojas multimarcas de automóveis e concessionárias. Em visita a uma loja de uma grande montadora aqui no Brasil, realizei um estudo de caso no atendimento de uma concessionária que atua com a venda de veículos novos e seminovos. A situação que relatarei ocorreu com uma cliente comprando um veículo multimarca usado.

O processo da compra aconteceu de forma tradicional. Foi agendada a entrega do veículo para uma determinada data, para que a cliente retirasse o veículo. Dias depois, a empresa entrou em contato, como é de costume, para verificar a qualidade do atendimento e possíveis problemas no processo de compra, para feedback. Ao solicitar à cliente sugestões de melhoria, esta apontou o desejo de ter recebido seu carro usado de uma marca diferente da bandeira da loja com laço vermelho e foto registro, como é de costume na entrega de veículos zero km.

O aprofundamento no levantamento de necessidades do cliente para conhecer um pouco mais sua expectativa faria a entrega de veículo a ponte para uma parceria duradoura com essa cliente.

"A verificação é a bússola que mantém você na direção certa."

Esse fato exemplifica a importância do momento mágico para fidelização de um cliente. Com certeza, incluir tal procedimento também na entrega dos veículos usados permitiria que muitos clientes vivenciassem uma nova experiência, que tem custo zero, e tornaria esse atendimento o grande diferencial da loja perante a concorrência, e uma experiência inesquecível para o cliente.

É desses momentos marcantes que o cliente lembrará e fará com que ele volte à empresa. Toda vez que encontrar um cliente, meça o valor (e o lucro) em manter esse cliente por dez anos em sua empresa, assim você começa a olhar esse cliente de uma forma totalmente nova.

Hoje os clientes entendem que o relacionamento não termina depois da compra.

Surpreenda seus clientes, use o poder da surpresa para encantar e aumentar os resultados do seu negócio. Em palestra durante a Feira do Empreendedor 2016, Marcelo Pinto, advogado e doutor da alegria, deu dicas sobre como utilizar o fator surpresa para melhorar os resultados de uma empresa.

Em meio a tantas empresas no mercado, conseguir prender a atenção dos clientes é uma vantagem estratégica muito desejada pelos empreendedores. É preciso se diferenciar dos concorrentes, conseguir destaque para o produto e ainda agradar o consumidor. E tudo isso pode ser conseguido através da surpresa.

A surpresa é um acontecimento imprevisível e rápido, que supera as expectativas e causa admiração. Se bem feita, pode ter resultados ótimos no faturamento de um negócio. Segundo Pinto, a surpresa é medida por uma fórmula simples: o resultado menos a expectativa do cliente. "Por coincidência, essa é a mesma fórmula para calcular a felicidade, afinal, felicidade nada mais é que o resultado da realidade em que a pessoa está menos a expectativa que ela tinha", diz.

A admiração que o cliente surpreendido cria em relação a uma marca pode gerar resultados muito bons para a empresa. Segundo Pinto, a surpresa ativa a memória do cliente e faz com que ele se lembre da marca com mais facilidade, o que tem impacto direto em suas ações. O consumidor começa a ignorar os concorrentes, vira um consumidor fiel e sempre compra tudo de novo que for lançado, sem se importar com o preço. Além disso, o cliente também começa a atuar em favor da marca compartilhando com seus amigos as experiências que teve. Como exemplo, o especialista cita a Apple, que tem consumidores no mundo todo que atuam como fãs da empresa. "Quando o cliente está satisfeito, ele conta, em média, para oito pessoas."

Agora, se ele estiver insatisfeito, ele contará para 22 pessoas. Isso porque o poder da expectativa negativa é muito maior.

Uma surpresa pode ser uma promoção, um novo produto, uma mudança de ambiente ou até mesmo uma atitude. "Lembrar o nome de um cliente depois de um mês, por exemplo, é surpreendente", diz Pinto.

Existem algumas características que um empreendedor deve cultivar para poder criar boas surpresas a seus clientes. Ele precisa sempre estar preocupado em se reinventar para se diferenciar dos seus concorrentes. "É preciso sempre buscar algo a mais", diz.

O empreendedor precisa manter seu produto simples, pois a facilidade e agilidade de um serviço ou produto também pode impressionar um cliente. "É o caso da Netflix. Eles não inventaram nada, apenas diferenciaram seus produtos e deixaram tudo mais simples, e isso impressionou muita gente".

Supere as expectativas!

Nos Estados Unidos, a maioria das residências tem por tradição ter na frente um lindo gramado. E, para esse serviço, há diversos jardineiros autônomos que fazem reparos nestes jardins.

Um dia, um executivo de Marketing de uma grande empresa americana contratou um desses jardineiros.

Chegando em sua casa, o executivo viu que estava contratando um garoto de apenas 13 anos de idade. Claro que o executivo ficou surpreso. Quando o garoto terminou o serviço, solicitou ao executivo a permissão para utilizar o telefone.

O executivo, encantado com a educação do garoto, prontamente atendeu ao pedido e, muito curioso com a atitude, não pôde deixar de escutar a conversa.

O garoto havia ligado para uma senhora e perguntara:

– A senhora está precisando de um jardineiro?
– Não. Eu já tenho um – respondeu a senhora.
– Mas além de aparar, eu também tiro o lixo.
– Isso o meu jardineiro também faz.
– Eu limpo e lubrifico todas as ferramentas no final do serviço – disse o garoto.
– Mas isso o meu jardineiro também faz.
– Eu faço a programação de atendimento o mais rápido possível.
– O meu jardineiro também me atende prontamente.
– O meu preço é um dos melhores.
– Não, obrigada! O preço do meu jardineiro também é muito bom.

Quando o garoto desligou o telefone, o executivo perguntou:
– Você perdeu um cliente?
– Não – respondeu o garoto. – Eu sou o jardineiro dela. Apenas estava verificando o quanto ela estava satisfeita com o meu serviço. (Autor Desconhecido)

Momento mágico é muito mais que só uma proposta de valor, momento mágico é um conjunto de ações do processo de gestão de relacionamento com clientes que integram tecnologia, processo e pessoas com o objetivo de tornar a relação da empresa com seus clientes muito mais lucrativa e duradoura.

Um cliente não é fiel a sua marca ou empresa, ele está fiel. Fidelidade é um estado do cliente, que precisa ser cultivado sempre!

O que realmente faz a diferença na sua vida não é o que você faz de vez em quando e sim o que você faz todo dia. Surpreenda seus clientes e venda muito mais!

Referências
RICHAEDSON, Linda. *Como ser um vendedor de sucesso*. Rio de Janeiro: Sextante, 2006.
RANSI, Elisangela. *Manual de relacionamento com o cliente*. São Paulo: Literare Books International, 2016.
Revista Pequenas empresas grandes negócios. Como surpreender seus clientes. Disponível em: <http://revistapegn.globo.com/Feira-do-Empreendedor-SP/noticia/2016/02/como-surpreender-seus-clientes.html>
Endeavor, *Jeito Disney de encantar clientes 5 lições*. Disponível em: <http://revistapegn.globo.com/Feira-do-Empreendedor-SP/noticia/2016/02/como-surpreender-seus-clientes.html>

10

Novos hábitos, novos métodos, novos perfis

A gestão de vendas moderna iniciou-se no fim do século XIX. Até hoje, apesar do desenvolvimento tecnológico e social, a forma de atuar no B2B mudou muito pouco, desde os modelos de atuação até as métricas de avaliação. Como enfrentar os desafios destes novos tempos onde a internet, a mobilidade e a economia compartilhada forjam um novo comportamento de compra?

Enio Klein

Enio Klein

CEO da Doxa Advisers, General Manager da SalesWays Brasil, é formado em Engenharia Elétrica pela PUC/RJ, com especialização em Engenharia de Sistemas, também pela PUC/RJ. Mais de 30 anos de experiência em CRM, vendas, serviços e tecnologia da informação. Passagens pela Embratel, PWC, Oracle e Peoplesoft. Histórico de dezenas de projetos de automação entregues nas mais diversas áreas em diferentes segmentos entre os quais bens de capital, serviços financeiros e energia; professor da Business School São Paulo nas cadeiras de Marketing e Vendas e Coach profissional certificado pela Sociedade Latino-Americana de Coaching.

Contatos
www.doxa-advisers.com.br
enio.klein@doxa.net.br

Qual a história?

O comportamento social de hoje certamente em nada lembra aquele que se via entre o fim do século XIX e o início do século XX. O desenvolvimento avassalador que experimentamos no século passado e no início deste mudou de forma indelével o perfil de nossa sociedade e como ela se comporta diante das novas ofertas que desfilam a sua frente todos os dias. E como a atividade de vendas evoluiu nesse tempo todo?

Os reflexos da Revolução Industrial, ocorrida na Inglaterra entre o fim do século XVIII e meados do século XIX, deram início nos Estados Unidos a uma outra revolução que mudou o comportamento dos mercados de forma definitiva: o desenvolvimento da atividade de vendas como hoje a conhecemos. A gestão de vendas moderna confunde-se com a história americana. O esforço intenso de padronizar vendas distingue o crescimento do capitalismo nos Estados Unidos mais do que em qualquer outro país[1].

O primeiro grande movimento da história de vendas foi no início do século XX, com a grande mudança trazida pelo funil de vendas criado por J H. Patterson, na época fundador e presidente da NCR, fabricante de caixas registradoras. Depois disso, somente na década de 80 do século passado, veio o segundo grande movimento que recomenda considerar o comportamento do cliente na elaboração dos processos de venda. A crença, então, passou a ser que, conhecendo o comportamento de compra do cliente[2], os processos de venda poderiam ser mais eficazes.

Finalmente, já nesta década, a tecnologia nos trouxe uma nova realidade: as redes sociais, que proporcionaram uma base de informações comportamentais jamais vista. O desafio de armazenar essa quantidade de informações, aliado a técnicas e ferramentas que permitem explorar

---

1 NA – Friedman Walter A., Birth of a Salesman.
2 NA – Os modelos mais importantes baseados no comportamento de compra do cliente são o Spin Selling, desenvolvido por Neil Rackham em 1988 e o Solution Selling, desenvolvido por Mike Bosworth, em 1994.

esses dados em modelos de comportamento e propensão representados pela tecnologia *big data* e pela automação do marketing, trouxe uma nova forma de prospecção e captura de *leads*: o marketing digital.

Apesar de uma longa e rica história com mais de 100 anos, o que posso observar, a partir da análise em dezenas de organizações de vendas com as quais tive a oportunidade de conviver, seja em salas de aula ou exercendo minha atividade profissional, é que a forma de trabalho das equipes de vendas mudou muito pouco a partir do funil de vendas de Patterson, até a grande febre do marketing digital dos dias de hoje.

O que pensam os executivos, hoje?

Recentemente, em 2016, em uma palestra proferida para um grupo de executivos da área comercial pertencentes a variados segmentos de indústria, apresentei uma pesquisa sobre as formas pelas quais conduziam seus processos de venda. Mais de 31% da plateia respondeu que não utiliza vendedores ou representantes em suas operações de vendas. Isso significa que pelo menos uma parte do mercado evoluiu para outras formas de vender diferente da tradicional força de vendas. Isso quer dizer que a tradicional força de vendas utilizada nas operações B2B[3] esteja cedendo parte de seu espaço a outras formas de acesso ao mercado como o comércio eletrônico?

Muito mais forte no segmento B2C[4], o comércio eletrônico ganha força também no B2B. Contudo, parte do que se chama vendas, por outros meios, se confunde com o marketing digital. Pessoas com as quais conversei, quando mencionam que não usam vendedores ou representantes, se referem, na verdade, ao processo de prospecção, e não ao de vendas. O prospecto, uma vez engajado e interessado em comprar, é atendido por um vendedor na última milha do processo de vendas para a conclusão do negócio.

Quando o assunto é vender mais, as respostas se dividem entre melhorar a qualidade da oferta, mexer na força de vendas e automatizar processos. As três, com o percentual de 33%. As duas últimas ações são,

---

3   NA – B2B: business to business – vendas feitas por empresas para empresas.
4   NA – B2C: business to consumer – vendas feitas por empresas diretamente a consumidores.

de certa forma, complementares. Hoje, não faz sentido ter uma força de vendas que não esteja instrumentalizada com ferramentas de automação. As respostas também indicam que, apesar dessas ferramentas já estarem disponíveis há quase duas décadas, parecem não atender de forma adequada aos requisitos de parte do mercado.

Ao ser questionado sobre como acredita no poder de aumento das vendas, 41% do público respondeu que precisa melhorar seus processos de venda. Cerca de 35% mencionou o marketing digital, sugerindo que este poderá trazer engajamento à marca e aumentar o número de *leads* ou prospectos. Mas, no B2B, isso não significa necessariamente aumentar as vendas. A resposta demonstra que o conceito do funil de vendas ainda é bastante presente. Acredita-se que quanto mais prospectos houver, maior será o volume de vendas. Não necessariamente. Muitas vezes, investem na geração de *leads*, mas o esforço e o dinheiro se perdem na ineficiência dos processos de venda. Essa percepção parece estar refletida no alto percentual de respostas, apostando na melhoria dos processos para aumentar as vendas.

As respostas indicam que a grande evolução parece brotar dos avanços da tecnologia da informação: internet, redes sociais, comunidades e a imensidão de dados comportamentais que nelas são geradas e multiplicadas. Por outro lado, a grande lacuna ainda parece ser o perfil do profissional de vendas e a gestão dos processos. Apesar do conceito de funil de vendas ainda ser muito presente, a resposta demonstra que quanto mais prospectos, maior será o volume de vendas. Não é bem assim. A automação do marketing e o marketing digital tornaram o processo de aquisição de *leads* muito mais eficaz. O esforço e o dinheiro ali investidos se perdem na ineficiência dos processos de venda que levam à perda da maioria das oportunidades.

Hoje, é preciso entender do negócio e desafiar o cliente, mostrando como ele pode evoluir como empresa, e como você pode ajudá-lo nesse processo. Treinamento, modelos de venda e processos devem estar alinhados nesse sentido, assim como as métricas de venda orientadas a esses objetivos. Em um ambiente onde a internet e a colaboração passam a substituir parte do processo de vendas, antes desempenhado por vendedores, já não cabem mais as velhas artimanhas. É preciso mudar, e rápido!

O que você pode fazer?

Quando seu gestor pergunta a você sobre determinada oportunidade de venda, o que você responde? O mais comum é pensar na relação que você tem com o cliente potencial e avaliar suas chances de ganhar o negócio. Mas será que você se preocupa o quanto deveria com a forma pela qual está endereçando as necessidades de seu cliente? E com as questões competitivas envolvidas no negócio? E sobre a viabilidade? Será que essa oportunidade é viável e irá realmente chegar a termo?

A complexidade do relacionamento entre você e o cliente pode, muitas vezes, lhe pregar certas peças. Em oportunidades de negócio envolvendo empresas, muitos fatores tornam o processo de vender complicado o suficiente para que exista bastante dificuldade para que você chegue a uma conclusão sobre o seu posicionamento. Há diversas pessoas ao lado do cliente, e a decisão não é tomada por uma única delas. A necessidade de consenso tem forte impacto sobre o processo de venda, e você precisa saber lidar com isso. Nos processos que envolvem produtos ou serviços que endereçam a solução de problemas dos potenciais clientes, a chamada venda consultiva ou de soluções, o cliente busca meios de reduzir a complexidade e o risco dos processos de venda frequentemente usados. E a forma mais simples é simplesmente não comprar, ou comprar o mínimo necessário.

O comportamento de compra de seus clientes está mudando muito rapidamente, fazendo com que as estratégias que você usa hoje possam ser inconsistentes, resultando em uma baixa produtividade. É possível que haja necessidade de mudar sua abordagem. Caso contrário, você poderá ser deixado para trás. Na maior parte das vezes, você dimensiona o potencial de uma oportunidade pela necessidade ou lacuna que julga ter o cliente em relação aos seus padrões e práticas. Você já parou para perguntar se o cliente compartilha de seu ponto de vista? Será que o seu senso de urgência é compartilhado pelo cliente? Quando o cliente não percebe essa urgência e não se vê no ponto onde sua solução poderia ajudá-lo, ele simplesmente poderá concordar com você, mas dificilmente comprará alguma coisa nesse momento.

O paradigma do "bom relacionamento com o cliente" não parece mais suficiente para você ter um bom desempenho, e quando o cliente o cumprimenta e diz "isto era exatamente o que eu estava pensando", não é mais uma boa notícia. Ele pode estar fazendo você se perguntar algumas coisas: será que o consenso me aproxima realmente do fechamento do negócio ou está me afastando dele? Será que se disser alguma coisa que o cliente nunca havia considerado e o fizesse pensar vou ter mais sucesso? O que é preciso para controlar o negócio?

Muitas vezes, as respostas poderão estar no fato de que você não disse nada de novo ao cliente. Por isso, ele concorda com você, mas não quebra a inércia ou cria o estímulo para mudar alguma coisa. Em outras palavras, gera o consenso da falta de urgência e da não necessidade de investir agora. Ou seja, o contrário do que você precisa para fechar o negócio.

A vantagem que você precisa para ganhar o negócio não está na comparação funcional de sua solução e a de seus concorrentes. Talvez nem na diferença de preço. Se você tiver a ousadia, mostre ao seu cliente outro posicionamento competitivo. Já se perguntou se você e sua empresa podem ajudá-lo a fazer isso como nenhum de seus concorrentes?

No que você pode pensar?

Um estudo publicado recentemente pelo CEB Sales Leadership Council[5], realizado com empresas e organizações de venda no mundo todo, mostrou que somente 7% dos profissionais de alto desempenho pertencem ao perfil que constroem relacionamentos. Enquanto isso, o grupo de profissionais que tem como características principais desafiar o cliente com novas ideias ou questões que endereçam diretamente a questão do negócio representam 39% do grupo de alto desempenho. O mais interessante nesse estudo é que os resultados demonstram que o perfil de profissional que desafia o cliente apresenta excelente desempenho, tanto em tempos de crise econômica quanto de crescimento.

Surpreso? Imagino que sim. Tanto quanto a comunidade empresarial ficou ao tomar conhecimento dos resultados desse estudo, já

---

5 NA – Estudo e conclusões publicados no livro The Challenger Sale – Dixon, Matthew e Adamson, Brent.

que havia um consenso de que os profissionais de venda, orientados ao relacionamento, seriam aqueles com o melhor desempenho. Mas não deixe o relacionamento de lado, ao contrário, ele é importantíssimo. Só deixou de ser o aspecto mais decisivo.

O que ficou demonstrado é que os profissionais capazes de trazer algo novo à mesa dos clientes, ensiná-los a partir do conhecimento de seu negócio, capazes de personalizar o discurso e, principalmente, ter o controle do processo têm mais chances de sucesso do que aqueles que usam somente o relacionamento para deixar seus clientes satisfeitos. Clientes esperam que o profissional de vendas ensine alguma coisa, e não simplesmente concorde com ele.

Profissionais com esse perfil são capazes de aprender o negócio do cliente, seus desafios e direcionadores. Em troca, conseguem oferecer perspectivas e caminhos únicos. Por outro lado, não se sentem desconfortáveis em discutir preços e pressionar o cliente quando necessário, e até mesmo em criar uma tensão construtiva. Ensinar, personalizar o discurso e, principalmente, ter o controle do processo são as características que parecem levar esse profissional a ser bem-sucedido.

No mesmo estudo, o perfil desafiador representa somente 23% da amostra. Isso quer dizer que não há tantos profissionais com esse perfil no mercado para serem contratados. A boa notícia é que esses perfis podem ser formados. Isto é, profissionais podem ser treinados para adquirir as características desse perfil, basta que invistam tempo e esforço. Vale a pena. Pense nisso!

11

Como vender sonhos?

Após anos trabalhando com prestação de serviços em vendas de cursos, descobri um jeito amplo e fácil de alinhar a capacidade de compra dos clientes. A proposta desta leitura é orientar você quanto ao melhor uso da ferramenta de vendas, de maneira assertiva

Graziela Bezerra

Graziela Bezerra

É empreendedora, empresária, *case* de sucesso da maior franquia de cursos profissionalizantes, o InstitutoEmbelleze. Possui vasta experiência em vendas, principalmente na área de prestação de serviços. É fascinada pelo setor comercial e pelo desenvolvimento de pessoas. Foi considerada por sete anos consecutivos entre as melhores franqueadas do Brasil. Referência em desenvolver técnicas de atendimento para vendas de cursos profissionalizantes e coordenação pedagógica.

Contatos
www.institutoembelleze.com
mg.divinopolis@institutoembelleze.com
(37) 3221-7005

O "X" da questão

Então você quer vender? Se a resposta for sim, tenho as ferramentas perfeitas para você concretizar altos ganhos e desenvolver equipes de vendas altamente capacitadas...Sou franqueada do Instituto Embelleze e moro na cidade de Divinópolis, em Minas Gerais, uma linda cidade com pouco mais de 200 mil habitantes, e durante sete anos fazemos o inimaginável. Falo isso, pois conseguimos vender mais contratos que a maioria das franquias de nosso país, fato que me deixa muito orgulhosa, pois sabemos a capacidade e o desempenho de todos os outros franqueados.

Mas o que nos destaca em nosso país é a capacidade de fazermos além do que podemos, mesmo numa cidade média do interior de Minas Gerais.

Muitas pessoas me perguntam como conseguimos tal feito... E a resposta é bem simples. Enquanto muitas escolas estão vendendo cursos, nós estamos vendendo SONHOS...

Isso mesmo! Sonhos de mudanças de vida, sonhos de conquistas financeiras, sonhos de ter seu próprio negócio, de ter seu tempo planejado, de poder viajar com os filhos ou de comprar aquele carro que sempre desejou.

E é isso que despertamos nos nossos mais 11 mil alunos formados, somente na franquia de Divinópolis.

Eles recebem algo a mais quando chegam aqui! Eles recebem a certeza de que aqui vão realmente mudar de vida!

Enfim, mas como abordar esse tema e levar até sua equipe e até você as ferramentas completas para esse feito?

Vamos falar agora o que você pode e deve fazer para melhorar suas vendas, principalmente com a venda de prestação de serviços, algo que seu cliente não está vendo, apenas acreditando em sua credibilidade ao falar e convencê-lo de que aquilo ali realmente irá mudar a sua vida. A primeira coisa que você tem que acreditar é no seu produto. Você tem que ser completamente apaixonado pelo que está vendendo. Muitas vezes vejo rapidamente o motivo de determinada empresa não estar indo bem e descubro que o verdadeiro problema está em não saber e não amar o que está vendendo. Por isso, o primeiro passo para você arrasar em vender é amar completamente o que está oferecendo para seu cliente.

Para ser um vendedor de sonhos você precisa:
- Ser um líder
- Estar sempre em evolução
- Ter espírito empreendedor
- Ter paixão em mudar
- Persistência
- Sempre se atualizar

Por isso acredito que todo bom vendedor é um grande empreendedor. A primeira coisa que um vendedor de nossa escola aprende é que ele não é um funcionário, como todas as vendas são comissionadas, o importante é ele enxergar que estamos trabalhando como uma sociedade e não somente um ganhando.

Vendedores são pessoas que sabem sua verdadeira importância na empresa e que acreditam naquilo que fazem.

Não existe mágica, estamos falando de pessoas pró-ativas que sabem o que querem. Outro fato extremamente importante no perfil do vendedor de sonhos é a autoestima elevada:
- Trate-se bem, pois os outros o tratarão também.
- Saiba que tudo depende de você.
- Acredite que você pode tudo!
- Tenha pensamentos sempre positivos.
- Faça uma revisão diária dos seus sonhos e suas metas.

Quando vendemos algo que seu cliente não pode ver, precisamos passar muita credibilidade a tudo que está sendo falado a ele, seja no seu aperto de mão firme até a forma como você está vestido, sempre alinhado e mostrando que vai realizar o sonho dele.

Recentemente descobri que o Brasil é um país onde não temos

o hábito de se comprar pela internet, pode ser por ter sites não confiáveis ou por termos algum conhecido que não recebeu o produto comprado em casa. Mas vejo isso de outra maneira: brasileiro tem que ver pra comprar. E é isso mesmo que penso, quando vou comprar algo, seria melhor se pudesse ver esse produto, algumas pessoas chegam a cheirar os produtos, mesmo sendo um sapato... risos... Em nosso negócio, como não temos como mostrar ao cliente uma profissão (cursos), temos que ter um poder forte de persuasão para conquistá-lo e dar-lhe a garantia daquilo que ofereço, por isso não temos segunda chance de conquistá-lo, ele está comprando você, vendedor.

Escute seus clientes.

Como é importante o fato de você ouvir seu cliente. E o melhor: dar a ele o que ele veio buscar.

Sempre quando escuto meu cliente consigo dar a ele o que ele almeja, chego a anotar para concretizá-lo. Cada palavra entra no meu subconsciente e faço com que ele enxergue que nós realmente vamos ajudá-lo.

Como vendemos sonhos, ele não veio em busca apenas de um diploma, veio buscar a realização de sua vida. O importante é você saber ouvir e falar o que ele quer ouvir.

Trabalhe o emocional do seu cliente, fale para ele o quanto isso vai mudar a sua vida, seja em qual aspecto for.

Veja bem, quando uma mulher compra um lindo vestido numa loja, o que ela está comprando? Um vestido, certo? Na verdade, não! Ela está comprando o romance, ela está comprando o encontro com a pessoa amada, ela está comprando os olhares que muitos lhe darão naquele dia.

Você consegue entender o que eu digo?

Nunca compramos o final. Compramos o que aquele objeto, viagem ou qualquer que seja essa compra nos proporciona.

Vender vai muito além de qualquer estilo de pensamento.

E hoje todos têm que comprar e vender.

Não se frustre.

Toda frustração é combustível para meu sucesso...

Muitas vezes nos frustramos quando não conseguimos vender.

Pois saiba que a maioria das pessoas só compra depois da quarta visita. Temos que insistir e ouvir tanto um não como um talvez. Nunca podemos perder um cliente, ele é a chave para o nosso sucesso profissional.

Não reclame, pois quando começamos a reclamar criamos uma carga energética negativa em nossa vida, e aí parece que as coisas vão puxando tudo para o desastre.

Mude seu foco, mude sua energia, mude seu pensamento... Tenha sempre a certeza de que você é o maior vendedor do mundo! E que você sabe exatamente o que precisa fazer para se ter sucesso. Sintonize-se no alto-astral.

Nossos clientes buscam uma experiência de vida, isso porque o mercado mudou, temos que nos adaptar a essas mudanças tecnológicas e acompanhar as vendas. Hoje fazemos muitas vendas por WhatsApp, por exemplo, sem falar nas outras mídias sociais.

O que observo desses novos clientes é a agilidade de tempo que precisamos para respondê-los, temos que ser rápidos e estarmos prontos para qualquer dúvida ou pedido.

O que estiver lindo e com bastante conteúdo pode ser enviado a esse cliente.

Seja um prospecto ou fotos de alunos estudando e trabalhando no curso que ele sonha.

Isso ajuda esse cliente a ficar deslumbrado com o magnífico mundo onde estará entrando para brilhar e ser um excelente profissional.

Aprenda a agregar valor à experiência de vida daquele ser humano.

Falo agora pra você sobre erros imperdoáveis que não podemos cometer com nossos clientes.

- Não fazer perguntas ao seu cliente.
- Não anotar informações nem construir um currículo do seu cliente.
- Vender algo em que não acredita.
- Oferecer opções demais ao cliente.
- Descuidar da linguagem corporal, passando imagem de descompromisso com a venda e com seu cliente.
- Fazer promessas apenas para fechar a venda.

- Dar respostas ao cliente sem saber verificar as informações.
- Descuidar de características do produto ou serviço que podem ser interessantes para o cliente.
- Dar desculpas, colocando a culpa em outro colega.
- Não se responsabilizar pelo processo de vendas.
- Omitir fatos, atrasando o processo.
- Oferecer desconto para se redimir de uma promessa não cumprida.
- Não descobrir o que de fato tem importância para o cliente na negociação.
- Não criar empatia com o cliente, ao utilizar frases como: "Se não quer, tem quem queira!", e achar que isso é técnica de fechamento.
- Ignorar o cliente.
- Prometer e não cumprir.
- Não informar ao cliente o andamento da venda.
- Afobar-se na hora do fechamento.
- Mentir para fechar a venda.
- Pressionar o cliente.
- Transferir a culpa, perdendo a oportunidade de aprender com seus erros.

Bom, agora você já sabe o que não fazer, certo?!

Veja a seguir o que você pode fazer para a concretização do seu sucesso em vendas:

Criei recentemente os 10 passos das vendas, e estes passos podem ser aplicados em qualquer produto, veja como segui-los:

- Apresentação de mão firme, passe para seu cliente a sua credibilidade, mostre a ele a segurança que ele foi buscar naquele momento. Apertos de mão fracos e moles mostram que você está desanimado e sem motivação para atendê-lo. Por isso, seja firme e tenha uma aparência profissional e adequada para aquela empresa ao qual você está tendo a oportunidade de ser sócio no sucesso.
- Inicie uma boa conversa, deixe seu cliente falar, lembre-se de que você muitas vezes não consegue vender porque não soube ouvir. Aí, sim, você saberá exatamente o que irá oferecer e ter a certeza do que o seu cliente quer ouvir.

- Mostre aquilo com que ele irá se deslumbrar; nessa hora, você pode mostrar ao seu cliente o que ele pode ganhar com aquele produto, seja uma prestação de serviços ou um produto específico; se for uma viagem, por exemplo, diga o quanto aquele momento existirá para sempre em sua memória; se for um serviço no cabelo, mostre o quanto ele ficará bonito ou bonita; se for um curso profissionalizante, mostre o quanto aquela nova profissão poderá mudar a sua vida, o quanto ele poderá ganhar de dinheiro e o quanto poderá usufruir daquele benefício, com os filhos e a família.
- Fale das vantagens do seu produto, tudo que pode oferecer, todos os benefícios, o seu diferencial no mercado. Nessa hora, ele saberá que o melhor é você e não seu concorrente, que não há dúvidas de que ele não estará pagando por nada e sim investindo.
- Investimento: Muitas vezes alguns clientes meus ficam me perguntando qual é o valor do meu curso, e eu respondo que o aluno não paga, e sempre vejo aquelas caras de espanto e sempre vem com a pergunta: Como aqui não paga? E eu respondo ao meu cliente: "Aqui você não vai pagar! Aqui você vai investir..."

Você percebe a diferença entre pagar e investir?

O que mostro para você é que tudo que compramos ou almejamos é um investimento, não estamos apenas pagando por isso. Ou seja, quando é assim, fica mais fácil, pois eu, como cliente, não vou perder e sim investir em algo que irá voltar para minha vida...

Termino este capítulo enfatizando a você, eterno vendedor de sonhos, que a prática constante te levará ao sucesso, replique sempre seus conhecimentos no seu dia a dia, lembre-se de que grandes campeões de vendas têm a segurança necessária para almejar grandes resultados!

Você é o criador da sua vida e de sua história...

$uce$$o, meu vendedor!

12

O vendedor coach
Dicas práticas de como transformar perguntas em vendas

O coaching de vendas é uma ferramenta poderosa para empresas e profissionais que querem maximizar os resultados em vendas e fidelizar os clientes. O vendedor coach não vende, ajuda os clientes a comprarem. Através de perguntas poderosas, conduz o cliente a comprar o que precisa sem dar desconto. Ler este capítulo é uma oportunidade ou um investimento? Já entendeu o poder das perguntas poderosas?

Jaques Grinberg

Jaques Grinberg

Empreendedor, coach, palestrante, consultor e escritor. Conhece na prática as dificuldades de empreender e manter um time qualificado e motivado. É apaixonado por pessoas, técnico em Contabilidade, bacharel em Direito, com MBA em Marketing, formado em Coaching pela Sociedade Brasileira de Coaching, em Gestão de Pessoas no IBMEC e com diversos cursos de vendas, negociação e outros nas principais instituições do país. Considerado um dos maiores especialistas em coaching de vendas do Brasil e um dos palestrantes mais requisitados quando o assunto são clientes. Idealizador da Mentoria com Técnicas de Coaching para líderes e gestores e autor do best-seller *84 Perguntas que vendem*, publicado pela editora Literare Books, um livro prático e interativo que traz técnicas e ferramentas do coaching de vendas.

Contatos
www.jaquesgrinberg.com.br
www.queroresultados.com.br

Como vender muito mais com apenas cinco dicas

Para vender mais é preciso ser um vendedor coach, que aplica o processo e técnicas do coaching de vendas para conduzir as negociações com excelência. Através de perguntas que vendem ajudam os clientes a trilharem o caminho mais rápido e curto para alcançar o seu objetivo, comprar os produtos e/ou serviços oferecidos por você.

1. Ouça mais e fale menos

A escuta ativa é um dos grande diferenciais dos vendedores de sucesso, mas um hábito difícil de aprender. Tudo é prática, é preciso estar preparado para saber o momento certo para perguntar e para ouvir. Fazer perguntas que despertam o interesse do cliente para que seja possível conduzir com excelência a negociação é o diferencial para potencializar os seus negócios, trazendo resultados acima das metas.

2. Foco na solução dos problemas do cliente

Os clientes querem soluções e não um produto ou serviço. O vendedor coach desperta no cliente o desejo para comprar o que irá solucionar os seus problemas. Quando o vendedor percebe e tem a solução para o cliente, o valor financeiro se torna um obstáculo pequeno para a negociação, tornando a venda muito mais fácil. Quando o cliente compra uma solução, a fidelização é consequência.

3. Foco no valor percebido e não no preço

O vendedor coach não está preocupado com o valor do produto e/ou serviço, a sua preocupação é vender o que o cliente precisa. Muitas vezes o cliente pede o que não precisa, e sem conhecê-lo o vendedor vende – este cliente ficará insatisfeito e não voltará a comprar com aquele vendedor. Faça perguntas inteligentes, conheça os clientes e descubra o que eles precisam para conduzi-los a comprar o que eles querem e precisam.

4. Gourmetize o atendimento

Em um mundo globalizado onde a qualidade dos produtos é um diferencial cada vez menos nítido, surge o atendimento gourmet. O atendimento gourmet é um atendimento diferenciado, de alta qualidade, onde o cliente terá uma experiência acima da média e será surpreendido com vontade de querer voltar com os amigos e familiares. Pesquise no Google "Atendimento Gourmet" e tenha um conteúdo vasto.

5. Seja um vendedor coach

Ser vendedor coach é enfrentar dificuldades constantes, mas ser persistente, estudar muito e saber conduzir uma negociação. As dificuldades são diversas, podemos citar os clientes exigentes, concorrência, "guerra" de preços e produtos com diferenciais menos nítidos. Fazer perguntas que vendem e ajudam a desenvolver argumentações maximizam os resultados em vendas.

E ainda, o vendedor coach mantém ativa a comunicação com os seus clientes, com excelência também no pós-vendas.

As perguntas podem ser abertas ou fechadas

Os vendedores de sucesso conhecem o processo de vendas. Sabem da importância da abordagem e do levantamento de necessidades. E para o levantamento de necessidades é importante saber fazer perguntas inteligentes. Existem dois tipos de perguntas:

Perguntas abertas: as respostas são mais detalhadas, o cliente precisa refletir para responder. É possível conhecer o perfil e levantar as necessidades de forma mais abrangente. É difícil tabular e avaliar as respostas, por terem conteúdo diversos, respostas conforme o pensamento de cada cliente.

Perguntas fechadas: as respostas são curtas, muitas vezes simplesmente sim ou não. Desta forma é possível ir direto ao assunto sem prolongar o diálogo e conhecer um pouco mais sobre o cliente, podendo também despertar interesses pela compra. Fácil de tabular e avaliar, as respostas são diretas.

Durante uma negociação não existe opção certa ou errada de perguntas, existe o momento certo para fazer perguntas inteligentes. Durante uma negociação o vendedor pode fazer perguntas abertas, fechadas ou ambas. Depende muito do perfil do cliente, produto e/ou serviço que está sendo comercializado e etc. Cada negociação é única.

Nove dicas de perguntas abertas

Com perguntas abertas é possível conhecer o cliente, suas necessidades e avaliar o melhor produto e/ou serviço para oferecer. Sempre agregando valor em vez de oferecer descontos. As perguntas abertas ajudam a desenvolver argumentações importantes para o fechamento da venda.

1ª Se o senhor comprasse hoje este produto e/ou serviço, qual seria a sua sensação de satisfação?

2ª Eu compreendo que o valor é um pouco alto e sei que este produto e/ou serviço é muito importante para você. O que poderia abrir "mão" por alguns meses para conseguir adquirir hoje algo que é importante para você?

3ª Quero poder ajudar a escolher o melhor produto e/ou serviço, mas preciso entender um pouco mais as suas necessidades. Você pode me explicar, por favor?

4ª Como eu posso ajudar a realizar a sua vontade de comprar este produto e/ou serviço ainda hoje?

5ª O que eu posso pedir para o meu gerente autorizar, sem baixar ainda mais o preço, para o senhor adquirir este produto e/ou serviço?

6ª Em sua opinião, quais as principais vantagens deste produto e/ou serviço que o senhor deseja adquirir?

7ª Se eu conseguisse um bom desconto para um segundo produto, qual o senhor escolheria?

8ª Você conhece mais pessoas que fazem aniversário ainda este mês? Se sim, que tal aproveitar e já escolher o presente? Levando dois produtos, consigo parcelar em até três vezes no cartão de crédito.

9ª Compreendo que este não é o momento para adquirir este produto e/ou serviço. Mas imagine se você ganhasse de presente, de zero a dez, qual seria a sua satisfação?

Quinze dicas de perguntas fechadas

A finalidade das perguntas fechadas em vendas é levantar as necessidades do cliente e conhecer o seu perfil de forma rápida e direta, para agregar valor nas argumentações contra as objeções.

1ª Este produto e/ou serviço é importante para a sua família?

2ª O que você mais valoriza em uma compra, é o desconto, qualidade ou bom atendimento?

3ª Você está em dúvida se compra este ou aquele; se ganhasse um dos dois de presente, qual gostaria de ganhar?

4ª Este presente é para uma pessoal especial, então vale a pena investir um pouco mais e presentear com algo também especial?

5ª Eu entendo que você precisa economizar, mas vale a pena pagar um pouco mais e ter um serviço e/ou produto com mais qualidade?

6ª A nossa empresa preza a qualidade no atendimento e nos produtos, os nossos preços são um pouco mais caros, e eu sei que o senhor também pensa dessa forma, não é verdade?

7ª Fico feliz que tenha gostado deste produto, é um dos melhores que temos na loja, parabéns pela aquisição. O pagamento será com cartão de crédito?

8ª Esta semana é fechamento de vendas e falta pouco para cumprir a minha meta. Se fecharmos o negócio hoje consigo um desconto especial. Eu te ajudo e você me ajuda, podemos fechar o negócio?

9ª Realmente está difícil ganhar dinheiro, mas precisamos acreditar. Se você gostou e consegue com esforço comprar, vai perder a oportunidade?

10ª Está em dúvida, eu entendo! Você conhece uma pessoa que já tenha este produto e que esteja muito satisfeito?

11ª Se hoje fosse um dia de loucura, você compraria este produto e/ou serviço que gostou sem preocupações?

12ª Você acredita que poderá se arrepender se deixar de comprar este produto e/ou serviço com todas as vantagens que eu apresentei?

13ª Imagine você recebendo este produto na sua casa neste sábado, será uma sensação de satisfação ou alegria?

14ª Você comentou que ao adquirir este produto e/ou serviço ficará mais feliz. É importante para você, vale a pena um esforço para estar feliz?

15ª Você trabalha e se esforça muito todos os dias. Comprar este produto e/ou serviço é uma recompensa para todo esse esforço?

Atendimento gourmet para fidelizar clientes e vender

Em um mundo globalizado onde a qualidade dos produtos é um diferencial cada vez menos nítido, surge o atendimento gourmet.

Os clientes querem, ao comprar um produto e/ou serviço, receber uma experiência nova, uma sensação de satisfação. As empresas preocupam-se em "gourmetizar" o que vendem e esquecem de um atendimento gourmet.

O atendimento gourmet é um atendimento diferenciado, de alta qualidade, em que o cliente terá uma experiência acima da média e será surpreendido com vontade de querer voltar com os amigos e familiares.

Quer surpreender os seus clientes, veja onze dicas de como fazer:

1. Atenda como gostaria de ser atendido

Fazer o que gostaríamos que fizessem com a gente. Esta dica vale para tudo, não apenas no atendimento ou venda. Se você gosta de ser recebido com um sorriso, sorria para os seus clientes. Se você gosta de ser recebido na porta, receba os seus clientes na porta.

2. Problemas pessoais não podem interferir na qualidade do seu atendimento

É muito difícil conseguir se esquecer dos problemas pessoais no horário de trabalho. Mas como é possível atender com qualidade e motivo se estamos preocupados com problemas externos? Priorizar o que é mais importante ajuda bastante; se o seu trabalho é prioridade e necessário inclusive para ajudar a resolver os problemas pessoais, esqueça os problemas e "gourmetize" o seu atendimento.

3. Redes sociais, e-mails e ligações pessoais apenas no intervalo ou horário de almoço

Faça as contas: dez minutos por dia no horário de trabalho acessando as redes sociais, e-mails pessoais ou em ligações, também pessoais, em dez anos são 440 horas ou 55 dias úteis de trabalho sem trabalho. Na conta não consideramos o tempo que o profissional demora para focar o trabalho, depois da distração com assuntos pessoais. Nada irá mudar nas redes sociais até o horário de intervalo, almoço ou saída do trabalho.

4. Esteja preparado para atender todos os clientes, sem preconceito

Clientes não tem "cara". Sexo, raça, classe social, tribo ou estilo não podem interferir no seu atendimento. Todos são potenciais clientes e merecem ser surpreendidos com um atendimento gourmet. Se uma mulher entra em uma loja de sapatos masculinos, é potencial cliente – pode estar querendo comprar um produto para o marido, namorado ou amigo. Se um adulto entrar em uma loja de serviços para terceira idade, pode estar querendo presentear o pai ou o sogro. E se a pessoa entrou por engano na sua empresa, surpreenda também com o seu atendimento. O cliente, se precisar de algo que a sua empresa vende, irá voltar e indicar para os amigos e familiares. Deixe sempre a vontade de querer voltar.

5. Seja o ator principal da peça de teatro da qual a sua empresa é o cenário

Cumpra o seu papel, faça um atendimento diferenciado surpreendendo a plateia. Todos os atores estudam, pesquisam e se preparam para atuar, faça o mesmo – esteja preparado.

6. Mantenha a mente aberta para novidades, cada atendimento é único

As pessoas de sucesso estão dispostas a descobrir novidades, todos os dias. Aprenda com os seus clientes, pergunte, ouça e inove a cada descoberta. Desenvolva o seu atendimento a cada atendimento, durante o atendimento, só assim você irá conseguir surpreender os clientes.

7. Agradeça, mesmo que seja no seu pensamento, cada cliente que atender

O ato de agradecer está esquecido, cada vez menos as pessoas agradecem. Dormir depois de agradecer quem nos ajudou e fez do nosso dia um dia melhor ajuda na evolução tanto pessoal como profissional. Potencializa e desperta a vontade de atender cada vez melhor, oferecendo para os clientes uma experiência única que só você pode proporcionar.

8. Independentemente do seu trabalho, faça o melhor

O contrato de trabalho é bilateral, ninguém é obrigado a fazer o que não quer e não deseja. Se você está insatisfeito com o seu trabalho, mude! Se você quer continuar igual, faça o melhor que pode fazer, o melhor que os seus clientes merecem.

9. Encante os clientes com pequenos gestos

São com os pequenos gestos que encantamos as pessoas e os nossos clientes. Um sorriso, um aperto de mão sincero, um "volte sempre" no final do atendimento são pequenos gestos que podem fazer a diferença. Durante o atendimento perceba as necessidades e desejos dos seus clientes e traga soluções com pequenos gestos; os seus clientes irão sair surpreendidos e com vontade de querer mais.

10. Seja único!

Todos temos amigos que queremos copiar, ser igual. Não podemos mudar quem e como somos, mas podemos melhorar os nossos pontos fracos. Aprenda com os colegas e amigos, mas seja sempre você, do seu jeito.

11. Faça o que todos gostariam de fazer, mas não fazem

A vergonha é um dos principais inimigos do atendimento gourmet. Como é possível surpreender um cliente se temos vergonha? Para surpreender, é preciso fazer algo novo, diferente, e a vergonha pode impedir que você consiga. Se estiver preparado, qualificado e motivado, arrisque!

Se quer ser um profissional diferenciado, faça algo novo todos os dias.

Como lidar com as decepções profissionais

A decepção acontece quando algo que esperávamos acontecer não acontece. Sim, é isso!

É fácil culpar terceiros por uma decepção, o chefe ou colegas de trabalho. Alguns culpam os clientes e outros muitas vezes nem sabem quem culpar.

1. Espere menos e faça muito mais

Quando a expectativa é menor, as chances de uma decepção também são menores. E quando você espera menos e faz muito mais, diminui muito as chances de decepcionar-se. O grande erro de muitos profissionais é esperar muito e nada fazer para ter o resultado esperado.

2. Faça por você, não espere um obrigado

Os profissionais que fazem o que precisa ser feito, sem esperar um agradecimento do chefe ou elogios dos colegas, conseguem trabalhar com mais satisfação.

3. Estude muito e esteja preparado para novos desafios

Independentemente da sua profissão e responsabilidades, em um mundo globalizado e competitivo, é importante acompanhar as mudanças. Tempo de profissão já foi um diferencial competitivo, atualmente é o conhecimento, facilidade de trabalho em equipe e flexibilidade que tornam um profissional requisitado.

4. Seja curioso e criativo. Pergunte e descubra coisas novas todos os dias

Qual foi a última vez que você participou de uma palestra, leu um livro ou pesquisou na internet informações para o seu trabalho render muito mais. O que os seus clientes, seus colegas e o seu chefe pensam do seu trabalho é o mesmo que você pensa? Existem formas de fazer o seu trabalho mais rápido e com uma qualidade superior? Seja curioso e criativo, responda essas perguntas com duas ou três possibilidades diferentes.

5. Acredite no seu potencial

Todos nascem igual, não existe sorte, existe força de vontade. Ganhar na loteria é probabilidade. O jogador tem que investir tempo para ir até uma lotérica, pensar e escolher os números para jogar, arriscar e pagar o valor do jogo para ter chances de ganhar. E quando ganha, todos dizem que é sorte. Sorte é ganhar na loteria sem jogar. Podemos trazer esse conceito para a empresa, como, por exemplo, aquele colega que foi promovido e todos dizem que é sorte ou o chamam de "puxa-saco". O que ele fez e tem de diferente para ter sido promovido?

6. Não tenha medo do que ainda não aconteceu

Ter medo do que ainda não aconteceu é mais comum do que você imagina. Ter medo de perder o emprego é um dos fatores que geram a decepção profissional. Quando um profissional acredita que irá perder o emprego o seu rendimento cai e falhas no serviço começam a acontecer.

Quando perde o emprego, a culpa é dos colegas, do chefe que não gostava dele ou da crise. O profissional esquece de avaliar o seu desempenho negativo por causa de um medo que não existia, mas aconteceu somente por causa desse medo.

7. Sorria mais

Sorrir é o melhor remédio para a vida. Deu certo, sorria e festeje o resultado. Deu errado, sorria e conserte. Aprender a assumir os erros e comprometer-se a corrigi-los é para poucos profissionais que se destacam e diminuem as chances de novas decepções. Viver bem é sorrir para viver. Experimente!

O preparo

Para muitos profissionais na área de vendas, fazer perguntas que vendem é um grande desafio. A falta de preparo e autoconfiança é um dos obstáculos para alcançar o sucesso. Arrisque! Experimente aplicar as perguntas que vendem! Está com medo, vá com medo! Os clientes querem ser ajudados e surpreendidos. Acredite no seu potencial e conte comigo, seu amigo e mentor em vendas!

13

O que é vender?

São dicas e estratégias de um dos maiores
especialistas em vendas do Brasil.
A maioria das pessoas não quer vender, mas,
ao ler este artigo, grande parte delas mudará de ideia.
Neste artigo, você e sua equipe podem analisar se
são vendedores ou profissionais de vendas.
E descubra também como vender mais

Luiz Bagattini

Luiz Bagattini

Educador, empresário, palestrante, instrutor, consultor, especialista em vendas, gestão comercial e planejamento estratégico. Diretor do Grupo Bagattini, diretor na K.L.A Educação Empresarial. Há mais de vinte anos na liderança de marcas e equipes de vendas, considerado no meio empresarial como um dos maiores especialistas em vendas e estratégias de vendas do Brasil. A experiência adquirida com minhas empresas, com minha família e com as consultorias que realizei em centenas de empresas nos últimos trinta anos me tornou uma pessoa ávida pelo aprendizado contínuo, recebendo o reconhecimento no meio empresarial como um especialista em vendas e em planejamento estratégico.

Contatos
www.luizbagattini.com.br
bagattini@grupobagattini.com.br
(48) 99644-8786

Em março de 2010, em Florianópolis, procuro seu Alexandre, meu corretor; quando o assunto é avaliação de imóveis, ele é o meu mentor. Fomos avaliar um imóvel que me pareceu um excelente investimento em Balneário Camboriú, e no caminho fomos batendo aquele bom papo, que com seu Alexandre é sempre muito agradável; ele tem muita experiência, sempre aprendo algo com ele, e sua forma de explicar é muito especial.

Seu Alexandre começou a contar um episódio de sua trajetória profissional em uma grande multinacional. Ele teve a oportunidade de aprender qual a verdadeira função de um profissional de vendas. Essa história marcou a vida do seu Alexandre e marcará a minha vida para sempre como treinador de vendedores.

Seu Alexandre falou que os fatos ocorreram nos anos 1990. Conta ele que em um determinado dia o seu gerente nessa multinacional, chamado Antônio, perguntou a sua equipe de vendedores:

"Pessoal, quero cinco grupos. Quero que se unam e formem seus grupos; definam em apenas uma palavra o que é vender. Não quero frases, quero apenas uma palavra."

Cada grupo selecionou sua palavra: Trocar, Negociar, Servir, Comerciar e Transferir. Antônio falou: "As definições de vocês fazem sentido, mas ninguém falou a palavra correta".

Ninguém falou a palavra que ele esperava; mesmo assim, todas fazem parte do que é vender, e por isso vale mencionar o sentido de cada uma delas:

1. Trocar – também chamado de permuta ou escambo, provavelmente seja a primeira definição do que é vender, surgiu antes da moeda. O fazendeiro levava até a vila a carne do animal abatido e trocava por cereais, sal etc. Ou seja, mantimentos que ele não produzia em suas terras.

2. Negociar – gosto de pensar que negociar seja um dos processos da venda que defino em três: primeiro ofertar, segundo negociar e terceiro, o fechamento. Considero negociar um estágio da venda, e minha dica é de que você preste muita atenção no que vou lhe dizer: só negociamos com quem tem interesse em comprar.

3. Servir – para mim é uma definição muito importante e tem um grande peso no processo de vendas, pois quem serve melhor vende mais, quem precisa vender precisa servir muito bem; podemos associar a um excelente atendimento, pois quando somos bem atendidos, indicamos, recomendamos, e quando entendemos que trabalhar é produzir para servir pessoas tudo fica mais fácil ainda.

Gosto de falar para minha equipe que não acordo para trabalhar, acordo para servir pessoas. Reflito muitas vezes ao dia nessa frase, pois quando penso que meu trabalho é servir pessoas, automaticamente me sinto mais proativo e me imagino sorrindo para elas. Dessa forma, esqueço meus problemas e me sinto mais motivado.

Meu amado pai, o seu Bagattini, disse certa vez para mim e para meu irmão: "Se vocês não tiverem jeito para servir as pessoas, as pessoas não irão servir vocês." Confesso que naquele momento eu e meu irmão nos entreolhamos como se não tivéssemos entendido nada. Mas ele explicou: "Vocês serão chefes um dia, ou até mesmo donos de suas empresas, e por que vocês acham que as pessoas irão trabalhar por vocês?" "Pelo salário", respondeu meu irmão. Meu pai logo rebateu: "Pelo salário, eles trabalharão um dia, pois recebem em apenas um dia, e os demais dias como será?" O que meu pai estava nos ensinando é que devemos ser gentis e agradáveis com todos, assim eles passam a gostar de nós e passam a querer nos agradar.

4. Comerciar – uma bela definição do que é vender; faz sentido, pois vender é exercer comércio.

5. Transferir – imagino que eles pensaram na palavra transferir como passar para outro um bem, produto, serviço, mas só ocorre, acredito, depois da venda. Ou se assemelha a comerciar.

"Seu Alexandre, muito sábio o seu Antônio, hein? Fiquei curioso. Que palavra é essa que o senhor aprendeu?"

Calma, Bagattini, essa informação ajudará muito seus vendedores a se tornarem grandes vendedores. O seu Antônio falou o seguinte: "Podemos compreender facilmente que vender é transferir algo, produto ou serviço por uma quantia de dinheiro, correto?" "Sim, correto", respondi, "mas nem tudo o que comercializamos necessita de um vendedor."

"Como assim, seu Alexandre?"

Explica ele que quando vamos ao Supermercado, não precisamos de vendedores para nos atender, nós mesmos definimos o que queremos comprar, e isso vale também para grandes magazines.

"Tem razão, seu Alexandre."

"Quando sabemos o que iremos comprar e podemos nos servir não precisamos ser atendidos por um vendedor ou um profissional de vendas, mas o supermercado, o magazine, eles precisam comprar, e é nesse momento que entram os profissionais em vendas."

"Muito bom. Mas você não me falou ainda qual é essa palavra mágica."

"Pense comigo", disse o seu Alexandre, "se eu preciso vender algo para alguém, o que preciso fazer, Bagattini?"

"Você precisa convencer essa pessoa."

"Pois bem. Você falou a palavra, que é convencer."

"O senhor quer dizer que se eu não tiver que convencer alguém para comprar meu produto ou serviço, eu não preciso vender?"

"É mais ou menos isso", respondeu seu Alexandre. "Imagine, Bagattini, que eu vá montar uma banca de laranjas na feira livre. Vamos imaginar que apenas a minha banca tenha laranjas, as demais possuem outras frutas, legumes e verduras. Eu não preciso vender, não é mesmo? Pois quem quer laranjas irá direto na minha banca comprar."

"Perfeito, seu Alexandre você não precisará ser um profissional de vendas para vender as laranjas."

"Exatamente", disse seu Alexandre.

"Mas se eu quiser vender todas as laranjas, posso exercer a ação do convencimento. O profissional de vendas pode entrar em ação e começar a gritar 'olha a laranja fresquinha, saborosa' e estimular as pessoas a comprarem, não é verdade?"

"Perfeito", disse seu Alexandre, "um sorriso, uma fatia da laranja, são argumentos que irão ajudar a vender todas as laranjas, pois entrou em ação o profissional de vendas; ele ofertou para quem não pensou em comprar as laranjas. Esse é o início do processo de convencimento, é chamado de oferta, e isso é vender, pois eu preciso convencer alguém."

Vender significa praticar o comércio, transferir bem ou serviço em troca de algo, normalmente uma determinada quantia de dinheiro.

Caro leitor, vamos mergulhar no passado. Antes de existir a moeda, vamos pensar em como era praticado o comércio, ou seja, a venda. Podemos pensar que era trocar, sim, por exemplo, o homem tinha a semente, seu vizinho a fruta e essa troca era realizada, portanto, naquela época, quando o homem desejava algo ele tinha três opções: trocava por algo que ele possuía, fazia um trabalho, normalmente braçal, ou usurpava, roubava. O sistema de troca era difícil, pois duas pessoas deveriam ter interesse no produto oferecido um pelo outro. Sendo assim, era necessário CONVENCER; por essa razão, quem falava mais e melhor vendia mais. Vejam que mesmo em tempos antigos era necessário convencer. A troca era mais bem aceita quando o produto da troca era um item de aceitação generalizada, de preferência um item valorizado por todas as pessoas, como sal, metais, bois, grãos etc. Esse item de aceitação generalizada hoje é denominado de "moeda".

Analise e perceba que estamos sempre vendendo. Mesmo quem está buscando um emprego precisa convencer através de seu currículo, através da entrevista. Mesmo empregado, precisa convencer que merece uma promoção. Analise que se entendermos que vender é convencer, compreenderemos que todos somos vendedores. A diferença está em quem sabe disso e quem não sabe, ou melhor, quem sabe disso e aplica, não é verdade? Estamos sempre buscando formas de convencer as pessoas a aceitarem as nossas ideias, o nosso trabalho ou o que produzimos. Podemos pensar também que muitas pessoas não fazem isso, mas com certeza não são pessoas de sucesso ou não querem ter sucesso. Pense, quais os produtos que você possui para vender? O que a empresa lhe fornece? Mas a empresa lhe fornece porque você tem o conhecimento necessário para a execução, não é? Então podemos pensar que o primeiro produto que temos para vender seja o nosso conhecimento.

Convencer é levar a reconhecer uma verdade, apresentando provas, argumentos, razões ou fatos, provando ou demonstrando.

Veja o que disse André Gerdau: "Decidir é fácil. Difícil é convencer as pessoas."

"Quando você quiser convencer alguém, fale de interesses em vez de apelar à razão", disse Benjamin Franklin.

Philip Chesterfield disse: "Se queres convencer os outros, deves parecer pronto a ser convencido." Já Joseph Joubert afirmou: "Podemos convencer os outros com as nossas razões, mas só os persuadimos com as razões deles."

Gregório Marañón reiterou: "Quem está disposto a crer numa coisa, deixa-se convencer com os argumentos mais fáceis."

Já Augusto Branco: "Te convencer a comprar o que você não precisa e ainda te deixar feliz por isso: nisto consiste o trabalho de um vendedor."

Você é um vendedor ou um profissional de vendas?

"Seu Alexandre, em sua opinião, qual a diferença entre um vendedor e um profissional de vendas?"

"Bagattini, para mim, o vendedor é um tirador de pedidos e o profissional de vendas é um profissional."

"Seu Alexandre, explique melhor essa relação entre o profissional de vendas e o tirador de pedidos, afinal, eu escuto de muitos vendedores que o sonho deles é ser um tirador de pedidos, eles abrem o cliente e depois só querem repor. É a lei do menor esforço, não é verdade?"

"Pois é, Bagattini, o ser humano está sempre procurando a zona de conforto, mas as empresas não querem tiradores de pedidos, pois os tiradores de pedidos não precisam ser profissionais de vendas."

"Perfeito, seu Alexandre, é aí que as empresas trocam os vendedores por estarem ganhando muito. Um empresário, certa vez, me disse que quando a venda se torna fácil para seus vendedores ele pensa em como complicar. Não se pode deixar os vendedores na zona de conforto. Perguntei o que eles criam para dificultar, e ele me respondeu que primeiro analisam se podem aumentar a tabela de preços, depois analisam o mix de produtos e forçam os vendedores a venderem os itens com a maior margem de lucro. Em seguida, criam premiações para quem se destacar, e chicote para quem não se destacar, e demissão para quem não se empenhar. Acredito, seu Alexandre, que muitas empresas tenham dificuldade em contratar profissionais em vendas, pois muitos empresários não aprenderam ainda que o objetivo é convencer as pessoas que seu produto ou serviço é importante para eles, não é verdade?"

"Sim, também penso dessa forma, Bagattini. Quando entendi que convencer é a minha função na empresa e que os tiradores de pedidos seriam demitidos, passei a compreender que deveria exercer ao máximo a minha capacidade de persuasão."

Como vender mais?

As pessoas mais bem-sucedidas do mundo deram muito duro no seu negócio, elas se empenharam muito. Imagine quantas pessoas elas tiveram que convencer para acreditar nas ideias de seu projeto? Perceba que as pessoas mais bem-sucedidas são os melhores vendedores na sua empresa.

Para vender mais, troque a palavra vender por convencer. Quem é líder, empresário ou vendedor deve todos os dias pensar: quem eu convenci hoje? Ou quantas pessoas eu convenci hoje? Convencer tem uma energia motivadora e positiva. O nosso cérebro é feito de registros. Em pesquisa que realizei com meus alunos, de cada trinta apenas um ficou em dúvida. Os outros 29 acreditaram que o registro em sua memória é positivo quando pensam em convencer, e na maioria das vezes é negativo quando pensam em apenas vender, pois a palavra vender tem muitas relações negativas. Pense comigo, o que é mais fácil para você: acordar pela manhã pensando em que irá vender e para quem irá vender? Ou quem irá convencer hoje a comprar seus produtos, serviços e/ou suas ideias? Pense nisso.

A aluna Márcia me perguntou: "Mas, seu Bagattini, o cliente que já compra comigo eu já convenci e não preciso convencer novamente, não é verdade? Pois ele já é meu cliente e compra regularmente. Nesse caso, basta servi-lo muito bem, certo?"

"Márcia, uma ótima colocação a sua. Quando em nossa mente convencer é o objetivo, devemos pensar em convencer nosso cliente a comprar algo a mais ou um volume maior. Caso isso não seja possível, ainda assim podemos pedir a ele para nos indicar clientes; ou ainda, convencê-lo de que é muito bom realizar negócios conosco. Assim ele pensará não duas, mas diversas vezes em não nos substituir pelos concorrentes."

Obrigado por estar comigo até o final. Vou lhe dar minha última dica: tenha cuidado, pois quando nos tornamos fortes no ato de persuadir um cliente, percebemos que também somos os responsáveis. Portanto, convença sempre, mas com cautela. A dona Adiles, minha amada mãe, certa vez me disse: "Não faça com os outros aquilo que não gostaria que fizessem com você."

14

Saber vender é a chave para o sucesso

Convencer é uma arte que pouca gente tem o dom de fazer e, certamente, estamos sempre dispostos a ouvir quem tem algo de valor para nossas vidas

Marcelo Ortega

Marcelo Ortega

Autor de *Sucesso em vendas, Inteligência em vendas, Red Book* e palestrante internacional especialista em vendas, atendimento, gestão e liderança gerencial.

Contato
www.marceloortega.com.br

Imagine que não existem vendedores! O que seria do mundo se eles não existissem. Certamente, algumas pessoas devem ter pensado: "seria um mundo melhor, com menos gente me incomodando ao telefone, com ofertas inoportunas em momentos inadequados". Ou ainda, "eu teria paz ao sair pelo shopping e faria minhas compras sem aqueles tipos pegajosos, que nos abordam sem que peçamos...".

Mas, vamos mais fundo. Não se restrinja a julgar que todo vendedor é assim. Chato, oportunista, enrolador, pegajoso. Porque, como vendedor que sou, garanto que não faz minha cabeça esse tipo de profissional, e também considero desagradável quando sou abordado por alguém despreparado, que só quer empurrar um produto ou serviço.

Pensando que tudo a nossa volta um dia foi vendido para nós ou para alguém, paramos de encarar a venda como uma coisa ruim ou que não nos cabe, dentro de nossas vidas profissionais ou pessoais. Na escola, nos vendemos para os amigos, e em especial quando queremos conquistar o primeiro amor temos que saber nos vender. Aprendemos a vender com nossos pais, quando precisamos convencê-los de algo, como dormir fora de casa, ter aquele brinquedo que tanto sonhamos em troca de algum esforço, como tirar boas notas na escola. Vender e gerar convergência de interesses.

A venda foi inventada na época dos fenícios, acredito. Se eu tenho um jarro e você tem um jarro, temos dois jarros e isso pode significar algo de valor para alguém que tenha algo. Ao longo dos tempos, a venda foi se aperfeiçoando, pois criamos um padrão de apresentação, negociação, barganha e fechamento de negócios. Quando comecei em vendas, há 28 anos, não havia internet. Usamos a lista telefônica e tínhamos que vender porta a porta. Onde tinha uma luz acesa, a gente oferecia. Vendi doce na rua, depois roupas, instrumentos musicais, matéria-prima de plástico para indústrias, seguros, imóveis, e depois da faculdade entrei em empresas de TI e Telecom, pois sou engenheiro eletrônico de formação. Grandiosos e caríssimos projetos envolvendo microcomputadores, servidores, softwares de gestão, equipamentos complexos de telecomunicações, serviços de infraestrutura e terceirização, etc.

Se for mais fundo, irá perceber que as melhores coisas da sua vida um dia foram vendidas a você, mesmo que não tenha envolvido dinheiro. A venda de uma ideia é a venda mais complexa que existe. Convencer é uma arte que pouca gente tem o dom de fazer e, certamente, estamos sempre dispostos a ouvir que tem algo de valor para nossas vidas. Uma ideia de valor não tem relação com um produto físico ou serviço em si. Tem a ver com o resultado que estes proporcionam ao final. Quando compramos uma boa coisa, não compramos a coisa, compram a sensação, a emoção ou a resolução de um problema que esta nos proporciona. Esse é ponto!

O mundo em que vivemos clama por vendedores preparados. Clama por competição, concorrência, elevação de qualidade, diferenciação por resultado, meritocracia, capacidades únicas de comunicação e criação de valor.

Olhe há vinte anos. Não tínhamos o uso da internet no patamar de hoje. Antes dos anos 2000, a internet era lenta, incipiente, uma simples forma de troca de mensagens (e-mails). Hoje somos dependentes dela. Muitos negócios se baseiam em tecnologia, e mesmo assim empresas não descartam os bons vendedores. Humanização no atendimento é o diferencial mais competitivo do mundo dos negócios. Feiras de varejo no mundo, nos EUA e na China, dois gigantes da balança comercial mundial, apostam que os negócios que sobreviverão a essa revolução tecnológica serão aqueles que inovarem, investirem em modelos de vendas com encantamento de clientes.

Todos nós temos clientes, mesmo que sejam clientes internos em nossas empresas. A área de TI (Tecnologia da Informação) atende centenas de clientes (usuários) de sistemas e computadores na empresa. Tem que prestar o serviço com agilidade e com nível de serviço num patamar de resultado esperado. O financeiro da empresa age da mesma forma, pois desta área depende o fluxo de faturamento e produtividade do negócio. Todos que lidam com a cadeia produtiva de vendas da empresa, que impacta no resultado, é vendedor. Deve pensar como pensa um vendedor.

Vendas não é uma coisa tão difícil assim de se fazer. Fazemos o tempo todo. A pior venda que existe é quando não conseguimos nos vender para nós mesmos.

Aprendi durante 26 anos como profissional da área de vendas, de vendedor ambulante, de pequenas empresas, vendendo muitas vezes porta a porta, até chegar a gerente e diretor comercial de grandes empresas nacionais e multinacionais, que a arte da venda era o que me realizava, me dava fôlego para realizar meus projetos pessoais. Cada não, cada falha, cada dificuldade servia como válvula propulsora para eu persistir. Havia sempre um novo desafio a minha frente, em cada empresa por onde passei, sendo ou não líder, era divertido e prazeroso ter que se superar, atingir metas, apostar no incerto, fazer diferente, melhorar o processo e a atitude para conseguir convencer as pessoas ou clientes em potencial.

O grande vendedor nunca pensa em fazer a venda por fazer, apenas pela comissão. É preciso sentir que fez o seu melhor, que fez o outro feliz, que todos ganharão com aquela relação de confiança.

Certamente, ao ler este trecho sobre mim você deve ter pensado: ele está se autopromovendo ou me contando algo que não tem a ver com a minha realidade.

Mas eu explico: não tem nada a ver comigo ou com querer me promover. Tem relação com a reflexão que desejo lhe proporcionar. Você, se já é vendedor, lerá essa história como fonte de inspiração, mas este livro é para aqueles que não são vendedores e que precisam acordar para essa nova demanda em qualquer área. Todos somos vendedores e precisamos assumir o controle de nossas empresas, carreiras, metas e barreiras para superar.

Tenho apenas 41 anos, comecei a vender com 13. A vida me colocou nesse caminho, que, confesso, nunca sonhei para mim. Mas foi perfeito, pois não existe outra forma de ver o sucesso, sem que eu tenha inserido a habilidade de vender em minha vida.

Não me refiro aqui a ser bem-sucedido como empresário ou como administrador. Ou ainda, se você é médico, advogado, dentista, arquiteto ou pintor. Você pode ser perfeito tecnicamente, com toda a formação acadêmica ou da vida para desempenhar muito bem sua função. Mas se não souber mostrar para o mundo, vender-se e criar valor para sua imagem, para seus serviços e produtos, passa a ser mais um na multidão. Milhões de novos médicos, advogados, arquitetos etc. se formam por ano. Um médico, por exemplo, pode sair da faculdade e fazer residência médica depois de seis, sete, oito anos de dedicação e ter de viver ganhando aproximadamente R$ 30,00 reais a 45,00 por consulta, que é o valor reduzido e pago por planos de saúde, nos dias de hoje. Conheço dezenas de engenheiros que nunca conseguiram ter sucesso e que se transformaram em vendedores, em muitos casos de segmentos ou produtos desqualificados e ganham muito pouco.

Treinei mais de 100 mil profissionais liberais em 16 anos, e vi de perto a transformação de suas vidas. Dentistas, médicos, contadores, donos de lojas e franquias, e claro, suas equipes de vendas e de atendimento. O centro dessa reflexão não está em mim ou em você, mas naquilo que nós proporcionamos com o nosso trabalho.

Em todas as minhas palestras, eu digo: "Não venda um produto ou serviço! Venda aquilo que ele proporciona ou para que serve ao outro". Se essa lição fizer parte da reflexão que quero proporcionar a você, já ficarei satisfeito de ter publicado meu artigo neste livro e ter sido um dos organizadores desta obra.

Saúde, conforto, bem-estar, valorização do seu capital, qualidade de vida, segurança, realização de sonhos, tranquilidade, evitar sofrimentos... É isso que as pessoas querem. O que é que você realmente faz nesse sentido? Por que comprar você, seu produto ou sua empresa? O que você irá deixar como resultado para seus potenciais clientes ou amigos?

Quando colocamos nesse plano a nossa mensagem central, nos diferenciamos de 90% de nossos concorrentes. Isso mesmo, concluo, depois de tanto tempo treinando vendedores ou não vendedores, que só 10% sabem vender pelo que não só pode ver. Tiram o produto, o serviço e criam uma mensagem irresistível de venda.

Imagine que eu lhe diga: eu trabalho com o aumento de suas vendas! Você pode se sentir interessado em saber mais sobre mim. Porque é isso que eu penso quando acordo. Que o meu trabalho só tem um sentido: aumentar o volume de vendas e de lucratividade de meus clientes.

Se você tem uma loja de roupas, trabalha com prazer, com a imagem, com status, reconhecimento, beleza etc.

Se você vende seguros de vida, trabalha com tranquilidade, segurança, capitalização, suporte familiar.

Se você trabalha com máquinas industriais, gera produtividade, economia, segurança, menor taxa de retrabalho.

Certamente, "as melhores coisas da vida não são coisas", como diz Art Buchwald, um grande humorista norte-americano e autor de diversos livros e frases célebres publicadas no prestigioso jornal The Washington Post.

Voltemos, portanto, a pensar: e se não existissem vendedores no mundo? Quando penso no mundo sem vendedores, vejo um mundo sem distribuição de riquezas, com menos emprego, menor competição e qualidade de vida, e no quanto muitos dos avanços que tivemos não seriam possíveis, porque ninguém contaria ao mundo, de forma tão especial, o valor que cada coisa tem, que cada produto ou serviço pode proporcionar.

Vender é uma habilidade que se desenvolve, pode acreditar nisso. Transcende uma função ou posição na empresa. Seja vendedor, vendedora! Basta contar aos outros as maravilhosas coisas que você pode proporcionar, falando em termos de benefícios, ganhos, resultados.

Uma das melhores formas de ter sucesso em vendas, independentemente da área, segmento de atuação, porte ou tamanho de sua empresa ou negócio, é simples: torne o por que mais importante que o como e o que você faz.

Quando um vendedor ou empreendedor define o que, por que, ou seja, sua missão como profissional, ele tende a comunicar valor, não preço.

Devem existir dezenas de concorrentes que fazem o que eu faço por um preço menor. Procure no mercado e encontrará gente que vende por desconto. Mas se quiser resultado, fale comigo.

Os clientes buscam resultado ou preço? Depende do seu negócio, questione-as. Será que não foi você ou as empresas do seu segmento que ensinaram o cliente a comprar assim? Será que não é hora de reeducar o mercado a perceber o seu valor?

Você pode até perder clientes barganhadores, mas ganhará outros de valor estratégico, parceiros, que pagam mais. Simplesmente porque recebem mais.

Liste com sua equipe ou faça esse exercício sozinho:

1. Você teme abordar pessoas que podem ser seus clientes potenciais? Para vencer essa barreira, tornar-se um vendedor de sucesso, terá que criar uma mensagem cativante, centrada em levar coisas boas as outros. Vender é fazer as pessoas felizes. Se você pensa assim, fica mais divertido vender.

2. Quais são os mais importantes diferenciais do meu negócio que justificam o preço que eu cobro? Você deve ter uma lista com pelo menos três argumentos. Encontre-os!

3. O que somente eu e/ou minha empresa/produto/serviço temos? Se não tiver nada especial, crie! Serviços extras, algo que demonstre um tratamento especial, ainda que seja o seu jeito se atender, de dar atenção e suporte para que o cliente atinja o resultado que ele precisa ou espera ter.

4. Minha proposta comercial falada ou escrita tem estes cinco elementos: Fatos + Benefícios + Evidências + Aplicação + Tentativa de fechamento imediato? (Vou explicar como fazer isso a seguir.)

5. Quando surge uma objeção, me incomodo emocionalmente e transpareço abatimento e indignação? Torço para que isso não aconteça, mas é hora de mudar o seu programa mental para ser um grande negociador. Objeção é um sinal de compra, não aversão. O cliente quer comprar e está dizendo na mensagem subliminar: "Me convença um pouco mais".

6. Você tem segurança para fechar negócios ou teme fazer uma pergunta como essa: não vamos mais adiar essa grande oportunidade de negócio. Vamos assinar o contrato agora? Se você teme, precisa lembrar da primeira dica dada na primeira questão: você está fazendo algo bom para essa pessoa ou empresa. Por isso, não adie mais o negócio!

7. Por fim, para ser sucesso em vendas, é preciso cuidar do cliente! Você liga para seus clientes depois da venda, para saber se ficaram satisfeitos, se atingiram o resultado? Se não, está perdendo uma grande oportunidade de retê-los e torná-los fãs. Mesmo o cliente que não ficou satisfeito, vai gostar muito da sua atenção e você pode reverter essa insatisfação se colocando ao lado dele. Ele irá reclamar mesmo, por isso é melhor que tenha você como ponto de contato.

Como podem ver, essas questões seguidas de aconselhamentos, podem ser úteis para quem é vendedor ou não. Nas relações humanas, precisamos de tudo isso. Comunicar-se bem, despertar interesse, ser diferenciado, ter boa capacidade de convencimento, superar barreiras e objeções, liderar o processo de decisão e ajudar as pessoas a serem mais felizes com o que temos para elas.

Explicarei agora sobre a referência à proposta de valor, bem elaborada e em cinco passos, e desafio você a rever a sua forma de apresentação:

a) **Tenha fatos:** leve na sua proposta uma boa carga de fatos positivos para dar segurança ao cliente: dados estatísticos, depoimentos de outros clientes, estudos de casos etc. Isso mostra profissionalismo e veracidade.

b) **Tenha benefícios associados aos fatos que apresenta:** mostre os ganhos reais proporcionados com estes fatos, como, por exemplo, o crescimento de lucratividade, a redução de gastos, a segurança ou conforto desejados pelo cliente.

c) **Tenha evidências:** uma boa caixa de ferramentas, como costumo chamar a pasta do vendedor, tem que ter jornais, revistas, materiais institucionais, amostras etc. Tenha como demonstrar o que você fala ou sustentar suas afirmações.

d) **Aplicação imediata do que você vende para o seu interlocutor:** é hora de mostrar o preço, prazo, garantias, condições gerais da proposta.

e) **Tente fechar o negócio com uma pergunta:** o que lhe parece a minha proposta? Podemos avançar? Prepare-se para ouvir objeções e lembre-se da lista de diferenciais que pedi para relacionar, pelo menos três que garantam que o cliente compre com você, mesmo se for mais caro.

Fico imensamente feliz que tenha chegado até aqui neste artigo e desejo tê-lo feito refletir sobre o mundo que tanto me emociona e motiva: o mundo das vendas.

Sempre fecho meus treinamentos e palestras falando do entusiasmo. Palavra que advém do grego e significa "Ter Deus dentro de você!".

Toda técnica descrita neste artigo, ou até mesmo por outros autores deste livro, de nada valerá se o seu nível de entusiasmo em aplicá-las não for alto. Faça um pouco de cada vez, aplique o máximo que puder, começando com a mudança de postura e com um olhar sistêmico para a realidade: você precisará se vender, vender sua imagem, seus produtos e serviços para se diferenciar nesta vida. Seja único, memorável, com uma proposta de valor, e assim será percebido, considerado, comprado, recomprado e indicado.

Esse é o meu desejo para você. Com muito entusiasmo, torço pelo seu sucesso.

Meu mantra para encerrar: A Cada Dia, a Cada Hora, a Minha Venda Melhora.

Muito sucesso em vendas!

Abraços.

15

O sucesso depende de você e não do seu tamanho

Por ser considerado um anão pela sociedade, Matheus Freitas enfrentou muitos preconceitos e limitações, que insistiam em diminuí-lo como pessoa. No entanto, foram essas mesmas barreiras que o impulsionaram a correr, inclusive, atrás de seus objetivos, fazendo seus sonhos se transformarem em realidade. O que parecia algo ruim tornou-se para ele um grande incentivo e motivação. Conheça os cinco princípios de um campeão que esse atleta desenvolveu a fim de alcançar seus objetivos

Matheus Freitas

Matheus Freitas

Considerado o menor maratonista do Brasil, tem em seu currículo mais de 300 corridas disputadas. Hoje, aos 26 anos, com 1,46m de altura, atua como técnico administrativo no Hospital Israelita Albert Einstein. Palestrante profissional, atualmente percorre o Brasil dando palestras motivacionais, incentivando de crianças a adultos a obterem êxito na maratona da vida.

Contatos
http://www.maracajaureservas.com.br
http://www.supraervas.com.br
mfreitascoaching@gmail.com
https://facebook.com/MFreitasPalestranteMotivacional
(11) 98260-0601

Um campeão, para chegar no topo, precisa de muita garra, determinação, superação e persistência. Não foi fácil chegar ao topo, muitos acham que viver no topo é fácil. Nesse momento, não quero falar das vitórias de um campeão. Eu não quero comentar do topo de um campeão, quero começar falando para você sobre o começo da vida de campeão. Não é possível tornar-se um campeão de um dia para o outro.

Quando comecei a estudar, foi muito difícil, porque as pessoas zombavam muito de mim, me chamavam de anão e falavam que eu nunca ia crescer na vida, que a minha aparência é feia, que eu nunca seria aceito na sociedade.

As pessoas diziam "Ei, ANÃO! Sua aparência é muito estranha, ninguém vai querer ser seu amigo, por ser anão". Eu pensava toda hora que não poderia mudar minha estatura, não posso apenas acordar e dizer "Eu quero ser grande, eu quero ser uma pessoa normal". Pensei muito em ir ao médico para fazer minhas pernas crescerem, pensei várias vezes em desistir, porque as pessoas continuavam me zombando.

Às vezes, na vida de um campeão, as pessoas vão querer colocá-lo para baixo, vão falar para você desistir de tudo, porque quando um campeão está no começo da carreira é difícil ter apoio. Na minha vida até hoje venho enfrentando preconceito e rejeição. Não é só porque sou diferente na sociedade por ser um ANÃO e por ter deficiência.

A deficiência está em nossas mentes, quando colocamos em nossas mentes que não somos capazes, que não vamos conseguir.

Há coisas que estão fora do nosso controle, que não temos como mudar. Precisamos conviver com aquela situação.

A escolha que um campeão tem quer fazer na vida é DESISTIR OU CONTINUAR EM FRENTE?

Sabe de uma coisa?

O campeão nunca desiste, campeão de verdade continua em frente mesmo que as pessoas afirmem que ele não é capaz.

Eu poderia ficar com raiva por não ter uma estatura normal para correr mais rápido ainda. Sabe qual é o meu verdadeiro valor? Agradeço sempre a Deus por ser pequeno, por ser um ANÃO para a sociedade e por ter 1,46m de altura. Imagina passar preconceito e rejeição por ser pequeno, só por que quero ser um campeão na vida?

Quais serão as limitações que eu passo na minha vida?

Você sabe me dizer alguma limitação?

Vou deixar você pensando um pouco!

Pense quais são as limitações?

Quer saber?

Só existem limitações quando eu as coloco em minha mente. A partir do momento que eu não deixo que essas limitações entrem em minha mente, elas deixarão de existir.

Entenda, só existem limitações quando colocamos em nossa mente que nada vai dar certo, que é impossível, que não somos capazes. Colocar limitações em nossa mente é que é uma limitação! Tudo isso são dificuldades, obstáculos, para não chegamos aonde queremos chegar.

Nada na vida acontece por acaso, tudo tem um propósito de Deus. Veja! Eu posso fazer um monte de coisas, inclusive correr uma maratona completa sendo um ANÃO! Posso correr uma maratona como uma pessoa normal.

Você já imaginou qual é o tamanho das minhas pernas? Eu tenho 74 centímetros de perna! Imagine eu correndo uma maratona de longa distância?

Que tipo de limitações você está colocando agora em sua vida?

Hoje estou aqui para falar pra você que na minha vida as pessoas colocam limitações, mas eu não aplico as limitações que colocam em minha vida. Hoje limitações não existem! Porque eu posso alcançar o que quero, mas para isso preciso correr atrás dos meus objetivos.

Qual é a sua maior meta para daqui um ano?

Agora, o que você tem feito para alcançar suas metas?

Acredite em suas metas e objetivos! Olhe para a minha história! Um anão que passa por vários tipos de preconceitos por ser um maratonista que corre atrás de suas metas.

Eu não sei quais são as suas lutas e o que você está tentando conquistar na vida! Só sei de uma coisa! Olhe pra mim! Veja o que eu já passei para conquistar minhas metas no esporte e na vida. Está achando que está difícil para você! Entenda uma coisa: é difícil, mas não impossível. Continue lutando por seus objetivos, continue querendo conquistar o que quer. Bastar querer, bastar correr atrás.

Quando eu estava correndo a São Silvestre no meio de rapazes de 1,80 de altura, as pessoas falavam assim para mim:

— O que esse anão está fazendo aqui? Ele está louco querendo correr com gente grande!

Sabe por que eu quis correr a São Silvestre?

Porque queria provar que sou capaz de correr qualquer maratona mesmo sendo um anão. Que não são as pessoas que vão colocar limites em minha vida. As limitações somos nós que colocamos sempre em nossas mentes. Se as pessoas estão limitando os seus objetivos, você é quem vai determinar o sucesso de suas metas.

Nas minhas palestras motivacionais, quando falo sobre a minha história de superação, o tema principal é OS CINCO PRINCÍPIOS DE UM CAMPEÃO, pois gosto muito de passar para as pessoas o meu exemplo de superação. Você pode ser tornar um exemplo de superação para as pessoas ao seu redor. O meu maior objetivo hoje é mostrar que você pode ser tornar quem quiser. Você é capaz.

A minha vida de campeão continua tendo muitas lutas! Mas não limitações! Hoje estou conseguindo superar todas as dificuldades. Quero que você saiba! O que está vivendo hoje pode ser superado, porque você é capaz. O passado é passado! Hoje é um novo começo, tudo depende de muito preparo.

Na minha vida de campeão, existe muito preparo antes de qualquer prova! Se você quer conquistar suas metas hoje, vai precisar de muito preparo, disciplina, determinação, conhecimento sobre as suas metas.

Ninguém sabe o momento certo de alcançar as metas e as oportunidades que vão aparecer em nossas vidas. Como eu sempre digo: é melhor estar preparado para uma oportunidade que ainda não apareceu do que não estar preparado quando ela surge na sua frente. Eu costumo falar em minhas palestras que o preparo e planejamento é tudo na vida de um campeão.

Na minha vida como campeão, existem duas escolhas.

Desistir ou continuar em frente?

Como eu falei lá no começo, um campeão nunca desiste. Você precisa manter o foco em suas metas.

PRESTE BEM ATENÇÃO.

Você quer alcançar aquela meta que tanto almeja?

Você está mantendo o foco nela?

Mantenha sempre o foco que você vai ver a diferença no que você sempre tem almejado para chegar nessa meta.

Você tem um sonho?

Quando eu tinha doze anos de idade, tive um sonho de ser maratonista. Mas já sabia que enfrentaria algumas dificuldades e preconceitos.

O preconceito que eu vivia por causa do que as pessoas falavam de mim, que ser um maratonista não é para qualquer pessoa. Por ser um ANÃO, ficaria muito difícil me tornar um maratonista.

Sabia que na minha história existe algo bem diferente?

Quer saber?

PRESTE ATENÇÃO!

Quando as pessoas colocam em minha mente que não sou capaz de alcançar minhas metas, sabe o que sempre faço? Vou sempre atrás de desafios maiores do que eu.

Quando comecei a correr, nunca fui para provas de pessoas com deficiência. Comecei a encarar provas com rapazes de 1,70 a 1,80 de altura. Um ANÃO correndo ao lado de rapazes de 1,80 de altura é impossível. Pra mim não existe essa palavra – "impossível". O que existe é a palavra possível; eu posso, eu consigo, eu sou capaz.

Então, quando você almejar aquela grande meta, que é muito importante para você, coloque em mente que É POSSÍVEL, EU VOU CONSEGUIR, EU POSSO.

Quando comecei a almejar mais ainda minhas metas, precisei fazer algumas séries de treinamento. Eu sempre ia com um amigo para as provas, não tinha um treinador, não tinha um planejamento de treino.

Passados alguns anos, certa vez um treinador me viu correndo no meu treino. Nessa época, eu estava com 17 anos. Quando esse treinador estava me assistindo veio até mim e me chamou para conversarmos. Imagina um treinador profissional chamar um anão para uma conversa. Afinal, o que um treinador profissional poderia dizer para um anão que sonhava ser um maratonista? Então marcamos uma reunião para fazer o planejamento e construir as metas. Não adianta ter uma meta se não fizer um planejamento de como vamos alcançar essa meta. Depois de um tempo conversando, o treinador olhou nos meus olhos e me disse uma coisa: "Você tem um futuro muito grande, mas precisamos elaborar uma planilha e colocá-la em ação".

Muitas vezes saímos correndo por aí atrás de nossas metas, sem saber para onde queremos ir; precisamos às vezes da ajuda de alguém com mais experiência para dar conselhos melhores, para mostrar qual é o caminho certo para alcançar nossos objetivos. Às vezes estamos no caminho errado por falta de conhecimento. Não porque não somos capazes! É por falta de conhecimento mesmo. Por isso que o coaching é necessário para a nossa vida.

O que podemos falar hoje sobre planejamento?

Podemos falar hoje sobre o planejamento de campeões, e no planejamento de um campeão existem princípios muito importantes.

Como você está fazendo o seu planejamento para conquistar os seus clientes?

Não adianta existir só o planejamento sem ter ação. Quando terminei o planejamento, chegou a hora de colocar tudo em prática.

Quando você quer fazer a diferença você vai sempre buscar uma forma de ser diferente no seu planejamento.

Antigamente eu não tinha uma planilha de planejamento para os meus treinos. Treinava todos os dias, sempre o mesmo treino anterior, era um treino sem um objetivo final.

Às vezes um treinamento sem planejamento pode causar um grande prejuízo em sua carreira, por isso um planejamento é muito importante na vida de quem quer ser um campeão.

Precisamos buscar nossos resultados e metas para nos tornarmos um campeão, precisamos sair da zona de conforto!

Zona de conforto?

O que é zona de conforto?

Muitos querem ser um campeão! Mas poucos querem sair da zona de conforto. As pessoas que se tornaram um campeão no esporte e na vida saíram da zona de conforto, e sair da zona de conforto não é fácil! É muito dolorido! Entendam: sair do conforto dói muito.

Preste bem atenção agora! Zona de conforto não traz resultados! Precisamos sair da zona de conforto para buscar resultados melhores.

Você quer alcançar suas metas?

Saia da zona de conforto!

Vamos esquecer a zona de conforto! Vamos nos levantar, vamos buscar o que você tem em sua mente! Zona de conforto não é o seu lugar. O seu lugar é na zona de desconforto! A zona do desconforto prepara campeões! Se você está achando difícil sua vida, não se preocupe, o difícil está preparando você para ser um campeão.

Diga para você agora!

EU SOU CAMPEÃO! EU VOU MUDAR A MINHA HISTÓRIA!

Chegou um momento em minha vida que eu estava muito desanimado, querendo desistir de tudo. Foi quando o meu treinador e minha mãe colocaram em minha mente que eu não poderia passar como uma vítima, que eu não poderia deixar que as circunstâncias da vida me colocassem para baixo.

Às vezes, o momento de dor na vida de um campeão é muito angustiante! Porque campeão não só tem glórias, não só tem conquistas e resultados.

Às vezes, um campeão vai chegar no fundo do poço, mas o fundo do poço é onde aprendemos muito mais, pois não é um lugar para permanecermos. O fundo do poço é o planejamento e é onde começaremos um novo planejamento de como vamos sair de dentro dele.

Se você quer se tornar um campeão, vai precisar passar por vários medos. Você vai sentir medo.

Atrás do seu medo existe a pessoa que você quer ser. O medo nos impede de alcançarmos as nossas metas.

É necessário que sejamos muito criativos na busca de grandes resultados para as nossas metas, precisamos de criatividade em tudo na vida para conseguirmos um resultado muito melhor do que esperamos.

Lembro-me de uma palestra em que eu falava sobre os cinco princípios de um campeão em uma empresa e sobre os valores adicionais que podemos fornecer aos nossos clientes.

Não é nossa intenção satisfazer os clientes ou agradá-los. Nossa intenção é surpreendê-los. É necessário que quando formos competir hoje para alcançar qualquer meta temos que buscar maneiras de surpreender os nossos clientes.

Se você quer ser um campeão, seja uma pessoa disciplinada, focada no que quer alcançar e mantenha o foco.

Se você quer ser um campeão, um vitorioso hoje, entenda que temos os nossos altos e baixos, vamos passar por preconceito, discriminação, rejeição, mas lembre-se de uma coisa!

O vencedor é aquele que faz o que é preciso, treina dia após dia, esforça-se um pouco mais a cada treino. Tanto o vendedor melhor pago quanto aquele que raramente realiza uma venda possuem os mesmos talentos e recursos.

A diferença está no que eles fazem com o que têm.

16

Atitude em vendas
Requisito para o sucesso neste ambiente globalizado

As novas realidades macroeconômicas e tendências advindas deste mundo globalizado requerem organizações atentas à competitividade e a melhoria contínua dos indicadores de produtividade e qualidade. São necessárias também pessoas capacitadas para responderem, de forma ágil e positiva, ao elevado grau de exigência registrado no dia a dia dos negócios e nos resultados da área de vendas

Prof. Me. Pedro Carlos de Carvalho

Prof. Me. Pedro Carlos de Carvalho

Mestre em Administração – UNISAL, Pós-graduado em Formação em Educação a Distância – UNIP e Graduado em Administração de Empresas – ESAN – Escola Superior de Administração de Negócios. Professor Universitário em Cursos de graduação, MBA e pós-graduação no Unisal, Unip, Anhanguera, Fatep, Facens, Trevisan. Coordenador do curso de Administração e de cursos de pós-graduação em Gestão do UNISAL, de Campinas. Autor de livros e artigos sobre Gestão de Pessoas e Empreendedorismo. Exerceu a Gerência de Recursos Humanos na Sony, Singer, Alcatel Cabos e Ferronorte. Integrou a Comissão do ENADE para o curso de Tecnologia em Gestão de Recursos Humanos (2009). É Diretor: COLOCAR RH; AARC – Associação dos Administradores da Região de Campinas e Sindicato dos Administradores do Município de Campinas. Ministra cursos e palestras em faculdades, empresas e em eventos de treinamento.

Contato
pedrocarvalhorh@yahoo.com.br

As ondas da globalização, registradas na década de 1990, impulsionaram uma série de mudanças no ambiente empresarial, tais como: novas teorias, tecnologias, procedimentos, máquinas e equipamentos, estratégias e posturas indispensáveis à busca e consecução dos objetivos organizacionais.

A realidade macroeconômica e as tendências advindas deste mundo globalizado continuam alterando o ambiente empresarial (comercial e industrial), obrigando os empregadores, empregados, consumidores, fornecedores, acionistas, governo, etc. às mudanças constantes e providenciais na planificação, programação e execução de suas atividades.

Será obrigatório o desenvolvimento de estratégias atinentes à revisão, reformulação e implantação de novas técnicas que contribuam para a melhoria contínua dos indicadores de produtividade e qualidade. O mercado de trabalho procura profissionais capacitados que possam fornecer respostas, de forma ágil e positiva, ao elevado grau de exigências registradas no dia a dia dos negócios e nos resultados da área de vendas.

> Obter a atenção de um consumidor no mundo de hoje é difícil, para dizer o mínimo, porque a atenção do consumidor é empurrada e puxada de várias formas. Na nova economia, entretanto, captar e manter a atenção de um cliente é a chave para o sucesso de qualquer empresa e é o segredo para ganhar participação (FIORE, 2001, p. 208).

Para o desenvolvimento de estratégias relacionadas ao atendimento das novas exigências do consumidor, exigir-se-á dos profissionais a busca do conhecimento e do poder de transformação de seus empreendimentos com:

- **Atitudes**

Desenvolvimento e aprimoramento de estratégias pessoais relacionadas ao comportamento, compartilhamento e engajamento aos compromissos, metas e posturas necessárias à consecução dos trabalhos e obtenção dos resultados conjecturados.

- **Adaptação**

Forma imprescindível de estudo, análise e adequação aos novos ambientes empresariais, sociais, econômicos e comerciais, visando, de forma inequívoca, a demonstração de concordância com as novas alternativas pertinentes à tecnologia e ao relacionamento com os consumidores.

- **Atualização**

Este é um fator chave na análise das atitudes requeridas dos profissionais de vendas. O profissional deve se manter devidamente atualizado, consciente e atento às notícias, informações e demais possibilidades de diferenciação em relação aos outros profissionais do mercado empresarial, diretamente ligados às atividades de vendas.

- **Motivação**

A motivação é um dos fatores chave para o sucesso nos negócios. Sabe-se que cada pessoa representa um mundo diferente, tem seus anseios, objetivos e necessidades. É inconcebível observar pessoas desanimadas, frustradas e inoperantes para o desenvolvimento de processos comerciais, considerando-se que cada consumidor difere dos outros. O profissional de vendas deve saber administrar seus momentos de perda ou redução de entusiasmo para prosseguir em sua busca pelos resultados almejados.

- **Mudança constante**

Neste mundo globalizado, não se pode imaginar que nada se transformará, que não haverá alteração, modificação ou implementação de novas estratégias, técnicas, tecnologias ou novos produtos.

> É imprescindível que as organizações e seus clientes se entendam. Isso corresponde a dizer que não podem ocorrer discrepâncias entre o que é de responsabilidade de cada uma das partes, mas, caso isso ocorra, que não seja a organização a culpada pela discrepância, pois o cliente não costuma perdoar com facilidade erros dessa natureza (SILVA e ZAMBON, 2006, p.163).

O relacionamento com os clientes é vital para o sucesso das empresas. Quem não observa as técnicas contidas nessa nova forma de interação com seus consumidores terá dificuldades significativas na consecução de seus resultados comerciais.

Qual será o pensamento dos profissionais da área comercial sobre o processo de integração e relacionamento com seus clientes? Será que eles esperam ouvir de seus clientes:

- Eles têm o preço mais interessante;
- Não ligo a mínima para o preço do produto que desejo;
- Essa empresa realmente se preocupa comigo;
- É uma experiência fantástica comprar dessa empresa;
- Consigo muito valor com os produtos dessa organização;
- Essa marca efetivamente é a melhor;
- Podemos confiar neles.
- A marca que prefiro tem a minha fidelidade, etc.

> Considerando-se a surpreendente variedade de produtos e serviços procurados pelos consumidores, não é possível citar qualquer desejo simples e único que estejam tentando satisfazer. Enquanto os mercados industriais adquirem bens e serviços, primordialmente, com o propósito de obterem lucro, o mercado consumidor adquire produtos e serviços para atingir a uma variedade de necessidades e desejos (KOTLER, 1996, P.102-103).

Formas de interação com os clientes, visando o aprimoramento do relacionamento e a conquista da fidelização dos clientes:

- Participação em feiras e exposições;
- Envio de e-mail;
- Pesquisa de satisfação;
- Convite para almoço;
- Pesquisa de mercado;
- Promoção de vendas;
- SAC – Serviço de Atendimento ao Cliente;
- Propaganda;
- Assistência técnica;
- Caixa de sugestões;
- Contatos telefônicos;
- Visitas periódicas;
- Ouvidoria, etc.

De conformidade com Carvalho e Moraes (2010, p.137), o processo de vendas é considerado um dos elementos principais na estratégia competitiva das empresas, envolvendo uma quantidade de vendedores internos, externos, televendas, representantes, rede de distribuidores e varejistas, compreendendo e traduzindo indicadores significativos alusivos ao potencial da força de vendas e podendo exercer pressão para a geração de maiores ou menores volumes.

Atualmente e em decorrência do elevado grau de exigibilidade para o aumento das vendas, é possível afirmar que a maior vantagem competitiva para as empresas reside na informação obtida sobre os clientes e que os concorrentes não possuem.

Essas informações são emanadas pelos clientes, e podem e devem ser alcançadas por meio do diálogo e do relacionamento direto, pessoal e profissional.

Entende-se que quanto mais o cliente deseja investir no relacionamento com a empresa almejada, maior será o interesse que ele demonstrará para que tudo funcione adequadamente, proporcionando segurança e satisfação em sua escolha.

A vantagem competitiva na orientação dos clientes resultará no aumento da participação da empresa no mercado consumidor, em consonância com o elevação do padrão de eficiência no atendimento, no trabalho incansável por resultados comerciais e na comercialização de bons produtos ou serviços.

Vale a pena destacar também que o crescimento da participação da empresa na área comercial está diretamente ligado à inovação e qualidade de seus produtos ou serviços, que possibilitarão a propagação da marca e o fortalecimento de seus laços com seus consumidores.

Para o desenvolvimento de estratégias que irão contribuir para a retenção de clientes, é fundamental demonstrar cuidado e preocupação a todo momento, o que requer:

- Esforços para a manutenção da satisfação do cliente, mesmo após a compra realizada;
- Trabalhar intensamente e sempre, para garantir novas vendas;
- Acompanhar frequentemente o nível de satisfação do cliente e
- Deixar evidente aos clientes como eles são relevantes.

Se as empresas persistirem no desenvolvimento e utilização das mesmas estratégias e ferramentas, continuarão a obter os mesmos resultados que sempre alcançaram, ou seja, nada inspirador e representativo.

As transferências de novas tecnologias para lugares distantes e a interligação das empresas pelo mundo criaram um novo ambiente competitivo, fortalecendo algumas e enfraquecendo outras organizações, que não se prepararam para esta significativa onda de mudanças, globais e irreversíveis. O que se constata é que, a cada dia, o consumidor descobre e adota novos e diferentes produtos em sua vida, muitas vezes motivado pelo excesso de informação, de apelos e de novas ofertas que invadem o mercado. Dessa forma, a manutenção do cliente, classificado como cliente fiel, tarefa essencial às empresas, vai se tornando cada vez mais complexa (CARVALHO e MORAES, 2010, p. 127).

Existem alternativas significativas que podem ser adotadas para a obtenção da satisfação do cliente e a alavancagem das vendas, como:

- Demonstração de respeito pelo cliente;
- Agilidade no atendimento e na resposta;
- Ser ético permanentemente;
- Dar atenção ao cliente, ouvindo seus comentários e opiniões;
- Mostrar o devido comprometimento;
- Assumir a responsabilidade pelo relacionamento com o cliente;
- Buscar a solução de problemas e não a sua postergação;
- Preocupar-se com a sua apresentação etc.

Vale a pena destacar e enfatizar algumas falhas incorridas no relacionamento com o cliente e que acabam resultando em prejuízos nos indicadores de vendas:

- Apatia – falta de entusiasmo no atendimento ao cliente;
- Demonstração de má vontade no relacionamento com o cliente;
- Prática do automatismo, ou seja, procedimentos sempre iguais;
- Falta de preocupação com a aparência e com seu asseio;
- Não ter respeito pelo cliente;
- Ser desorganizado nos momentos de atendimento, etc.

Assim, chega-se à questão da atitude, que é uma reação ou tendência definida de comportamento em relação a qualquer estímulo ou situação.

Por isso é que é viável afirmar que os processos bem-sucedidos de vendas exigem doses consideráveis de técnicas de comercialização aliadas à atitude de empreender, de realizar e de conquistar objetivos.

Atividades e responsabilidades na venda

1. Função de vendas
- planejar as atividades de vendas
- identificar os tomadores de decisão
- preparar apresentações de vendas
- superar objeções e barreiras
- apresentar novos produtos e serviços
- prospectar novos clientes

2. Lidar com os pedidos
- habilidade na redação de pedidos
- manter controle de devoluções
- administrar problemas de entrega
- localizar pedidos extraviados

3. Atendimento sobre produtos
- coletar informações sobre os produtos
- testar equipamentos
- monitorar a execução de reparos

4. Administrar informações
- fornecer informações atualizadas
- praticar o feedback

5. Atendimento à conta
- abastecer as prateleiras
- distribuir material de divulgação
- controlar a propaganda e promoção

6. Comparecer a reuniões e entrevistas
- participar de eventos
- comparecer a reuniões de vendas
- organizar a exposição de produtos
- participar de treinamentos

7. Treinar e recrutar
- recrutar representantes comerciais
- treinar novos vendedores
- apoiar e trabalhar com novatos

8. Distribuição
- relacionamento com distribuidores
- controlar processos de crédito
- cobrar contas vencidas

Adaptado de Churchill, Jr. e Peter (2000, p.508)

Para o sucesso nas atividades comerciais, é fundamental observar, praticar e recomendar as seguintes estratégias e procedimentos:

- Demonstrar satisfação nos processos de vendas:

Representa a atitude do profissional de vendas com suas responsabilidades.

Demonstra, no dia a dia, atitudes positivas e elevado grau de cooperação com a equipe de trabalho e integração de objetivos.

- Estar envolvido com o trabalho requerido:

Reflete o nível em que o profissional de vendas se identifica psicologicamente com seu trabalho e classifica seu desempenho como extremamente relevante para o atingimento das metas propostas.

- Ser comprometido com a empresa onde atua:

Corresponde ao modo como o profissional de vendas se integra com a empresa, abrangendo a automotivação e a proposição de alternativas para o aumento de participação no mercado.

De acordo com Carvalho e Moraes (2010, p. 149), as empresas devem desenvolver suas atividades comerciais sem deixar que a falta de entusiasmo, o pessimismo, o desânimo e até a perda de posição no mercado interfiram nos negócios.

O relacionamento com o cliente deve ser uma das principais estratégias da área comercial, envolvendo os trabalhos de marketing, vendas, propaganda, promoção, publicidade etc.

Todas as vendas são importantes e, por isso, as empresas devem realmente estimular os seus funcionários a vender ou vender.

Tem que ter e demonstrar atitude para o sucesso em vendas!

Referências
CARVALHO, P. C. de e MORAES, W. F. *Administração mercadológica*. 3. ed. Campinas: Alínea, 2010.
CHURCHILL, Gilbert A. e PETER, J. Paul. *Marketing: criando valor para os clientes*. 2. ed. São Paulo: Saraiva, 2000.
FIORE, F. *E-marketing estratégico*. São Paulo: Makron Books, 2001.
KOTLER, Philip. *Marketing – edição compacta*. São Paulo: Atlas, 1996.
SILVA, F. G. da; ZAMBON, M. S. *Gestão do relacionamento com o cliente*. São Paulo: Thomson Learning Edições, 2006.

17

Atendimento:
o segredo para o sucesso em vendas

Vender é fazer amigos. E amigos se fazem através de bons relacionamentos, atendendo-os de maneira diferenciada! Em um mercado cada vez mais competitivo, precisamos estar cada vez mais preparados para enfrentar os desafios, ter propósitos de conquistar pessoas, fazer amigos e torná-los nossos clientes. Nesse processo, o atendimento fará toda a diferença!!

Sidinei Augusto

Sidinei Augusto

Palestrante Licenciado da K.L.A. Educação Empresarial. Especialista em Vendas. Diretor comercial, com mais de 15 anos de experiência em vendas. Experiência como professor, com treinamentos motivacionais, vendas e planejamento estratégico. Formação em Ciências econômicas e Matemática. Cursos de especialização: Babson College, Boston/EUA – MBA em Empreendedorismo; Fundação Getulio Vargas – FGV – MBA em Gestão empresarial.

Contatos
sidinei.augusto@grupokla.com.br
https://www.facebook.com/escoladevendasklapocosdecaldas
http://www.grupokla.com.br/pocosdecaldas/
(35) 99147-1117
(35) 3414-2005

> "A única coisa permanente no universo é a mudança"
> Heráclito (540 a.C.- 470 a.C.)

O MUNDO ESTÁ PAUTADO EM CONSTANTES MUDANÇAS. Mudanças culturais, políticas, econômicas e sociais. Isso se percebe com facilidade no dia a dia. No segmento de vendas, não é diferente. Também acontecem frequentes mudanças. Com isso, se torna necessário nos adequarmos à situação em que vivemos. Precisamos perceber as mudanças que acontecem em nosso ambiente (mercado) e entender a necessidade de nos adaptarmos às novas realidades.

O nível de conhecimento dos clientes aumenta a cada dia, a cada momento. As facilidades tecnológicas, com o advento da internet, redes sociais, aplicativos, dentre outras, facilitam a vida dos clientes em suas pesquisas, tornando-os cada vez mais "conhecedores" do produto ou serviços que estão dispostos a adquirir.

Eu mesmo, em diversas ocasiões em que estava em algum estabelecimento comercial, enquanto falava com o vendedor, já estava realizando alguma pesquisa sobre o produto que me apresentava.

Em razão dessas mudanças, surgem diversos desafios. Um deles é que o profissional de vendas que almeja sucesso precisa estar preparado para essa realidade, ou melhor, não apenas para as atuais, mas para todas as próximas.

Tais profissionais precisam entender que o cliente é, sem dúvida alguma, o principal ativo da empresa. Ele (o cliente) pode decidir se um negócio vai para a frente ou fecha as portas. Daí a necessidade de fidelizá-lo e, de preferência, ainda transformá-lo em seu principal vendedor. Fazer com que ele se torne seu fã!

Vender é uma arte! Arte de ajudar as pessoas a realizar sonhos, arte de conquistar pessoas, arte de ser um conselheiro, arte de ser amigo, arte de ser líder, arte de ajudar as pessoas a satisfazer suas necessidades e resolver seus problemas... De fato, ser vendedor não é para qualquer um. Não que as pessoas precisem nascer com esse dom. Inclusive, não acredito na frase "vender é um dom, as pessoas nascem prontas...". Elas podem sim ser treinadas para vender.

Sem dúvida nenhuma, algumas características que acompanham o ser humano em seu DNA podem facilitar esse processo de aprendizagem em vendas. Um vendedor extraordinário tem que gostar de gente, gostar de pessoas, gostar de atender as vontades, necessidades e desejos de alguém.

Muitas pessoas entram nesta profissão de maneira inesperada. Literalmente caem de paraquedas. Por várias razões. Até aí, tudo bem. Sem problemas. Porém estes profissionais precisam entender a necessidade de se profissionalizar cada vez mais para ter sucesso nesta carreira, para ser um verdadeiro campeão de vendas. Não apenas o famoso "tirador de pedidos". Vender é muito mais que isso!

Considerando que cliente não é aquele que realiza a primeira compra, mas sim aquele que volta para comprar mais, o vendedor precisa utilizar de diversas habilidades para transformar esses compradores em seus clientes, em verdadeiros fãs!

Mas para isso é preciso que o vendedor esteja bem treinado para proporcionar esse encanto e conquistar o cliente, criando um atendimento imbatível. Que seja realmente um vendedor extraordinário!

É necessário proporcionar experiência única para o cliente. Estender o tapete vermelho, mesmo que simbolicamente, durante o atendimento. Muito provável que você, leitor, já tenha se deparado com diversas situações onde o atendimento por algum vendedor foi muito abaixo das expectativas esperadas por você. Atendimento esse que não lhe deixou nenhum desejo de voltar àquele estabelecimento comercial. Ou pelo menos de não ser atendido por aquele vendedor, não é verdade?

Infelizmente, é muito comum encontrarmos vendedores totalmente despreparados para ter contato com clientes. Esses vendedores "desvendem" a todo momento. Deixa o cliente insatisfeito e, fatalmente, perdem muitas vendas.

Também é provável que em algum momento tenha sido atendido de maneira diferenciada, através de experiências que o deixassem satisfeito e com desejo de voltar. Muitas vezes, em razão desse tipo de atendimento, já indicou o mesmo estabelecimento para amigos e parentes, fazendo propaganda de forma automática e gratuita, para uma empresa, restaurante, hotel, médicos, dentistas, advogados etc.

Para encantar um cliente, a primeira coisa que o profissional de vendas precisa fazer é vender a si mesmo.

E como fazer isso? Você provavelmente já ouviu a frase: "quem não é visto, não é lembrado". Porém, apenas ser visto não basta. Existe a necessidade de atribuir valor à sua imagem, e para isso a técnica a ser utilizada chama-se MARKETING PESSOAL, que é um meio empregado para promoção pessoal de forma a atingir o sucesso. É uma estratégia usada para "vender" a imagem e influenciar a forma como as outras pessoas olham para quem a utiliza.

"Se as pessoas gostam de você, elas vão te ouvir, mas se elas confiam em você, elas vão fazer negócios com você."
Zig Ziglar

Tomando como referência a frase de Zig Ziglar, utilize o marketing pessoal a seu favor. O cliente compra primeiro você e depois o seu produto ou o seu serviço. Por isso a necessidade de vender a si mesmo primeiro. Mostre para as pessoas o quanto elas podem confiar em você, transmita credibilidade através de suas atitudes, como, por exemplo, demonstrar otimismo, humildade, conhecimento sobre o seu negócio, cumprimento de horários, roupas adequadas, praticar a empatia, saber ouvir etc. Crie sua marca!!

"Sua marca é o que as pessoas dizem sobre você quando você não está na sala."
Jeff Bezos

Todos os profissionais de vendas precisam aplicar minimamente:

a) **Olho no olho. Essa é a primeira interação com o cliente na maioria dos casos.**
b) **Seja cordial.**
c) **Esteja sempre com o sorriso no rosto.**
d) **Dê o máximo de si na frente do cliente.**
e) **Atenda-o como se fosse o último cliente de sua vida.**
f) **Coloque toda sua energia no atendimento.**
g) **Demonstre todo seu entusiasmo em vender.**
h) **Tenha postura profissional adequada.**
i) **Tenha cuidados com a aparência.**
j) **Seja criativo.**
k) **Inove sempre.**

Dessa forma seus resultados serão extraordinários!

Faça seu cliente dizer "uau"!

Agindo dessa maneira, você certamente estará utilizando ferramentas do Marketing Pessoal, e todos terão interesse em ser atendido por você.

Devemos sempre lembrar que obter sucesso requer dedicação, treinamento, muito trabalho e, mais do que tudo, ações inteligentes!!

Tem um texto utilizado por Sam Walton, fundador da maior rede de varejo do mundo, o Wal-Mart, e do Sam's Club, que ilustra, com muita inteligência, uma grande lição para qualquer negócio, que gosto muito e compartilharei com você, meu leitor.

Certa vez, Sam Walton abriu um programa de treinamento para seus funcionários, com muita sabedoria. Quando todos esperavam uma palestra de vendas ou de atendimento, iniciou com as palavras abaixo:

"Eu sou o homem que vai a um restaurante, senta-se à mesa e pacientemente espera, enquanto o garçom faz tudo, menos anotar o meu pedido.

Eu sou o homem que vai a uma loja e espera calado, enquanto os vendedores terminam suas conversas particulares.

Eu sou o homem que entra num posto de gasolina e nunca toca a buzina, mas espera pacientemente que o empregado termine a leitura do seu jornal.

Eu sou o homem que explica sua desesperada e imediata necessidade de uma peça, mas não reclama quando a recebe após três semanas somente. Eu sou o homem que, quando entra num estabelecimento comercial, parece estar pedindo um favor, ansiando por um sorriso ou esperando apenas ser notado.

Eu sou o homem que entra num banco e aguarda tranquilamente que as recepcionistas e os caixas terminem de conversar com seus amigos, e espera pacientemente enquanto os funcionários trocam ideias entre si, ou simplesmente abaixam a cabeça e fingem não me ver.

Você deve estar pensando que sou uma pessoa quieta, paciente, do tipo que nunca cria problemas. Engana-se. Sabe quem eu sou?

Eu sou o cliente que nunca mais volta!"

Em resumo sobre esse maravilhoso texto, devemos aprender que não basta as empresas gastarem milhares, dezenas de milhares ou até mesmo milhões todos os anos em anúncios de todas as formas para atrair o cliente até seu estabelecimento comercial e os vendedores não estarem preparados para proporcionar uma experiência única, algo tão barato que seria um pouco mais de CORTESIA para esses clientes. Experiências essas que podem resultar na fidelização do cliente junto à sua marca, sua empresa, seus produtos ou serviços, causando o desejo – no cliente – de retornar e tornar possível você vender muito mais para esse mesmo cliente!!!

Desta forma, todos – Cliente, Empresa e Vendedores – ficarão felizes e satisfeitos.

Não queira ESTAR vendedor, mesmo que por necessidade ou por outro motivo. Queira SER vendedor e faça com maestria, seja um profissional diferenciado da grande maioria, trabalhe com muito entusiasmo e realize um espetáculo nos atendimentos e, dessa maneira, se tornará uma pessoa realizada, tanto na sua vida pessoal quanto na profissional e ganhe muito dinheiro.

Faça seus clientes perceberem que você tem satisfação em atendê-lo. Não pense em vender, mas sim em ajudá-los, de ser seu conselheiro, seu orientador nesse processo. Para isso, conheça as necessidades, os desejos, os problemas que seu cliente precisa resolver. A partir dessas informações, demonstre o produto ou serviço mais adequado, enfatizando as qualidades e os benefícios que irão satisfazer seus clientes.

Atendimento nada mais é do que você encantar o seu cliente, proporcionar experiência para ele com o objetivo de seu nome, sua empresa, seu produto ou serviço ficar gravado na mente dele.

Infelizmente, a maioria dos vendedores proporciona atendimento bem precário. E você, continuará fazendo igual a maioria faz? Ou vai fazer a diferença com seu cliente através do atendimento e, com certeza, fidelizar o cliente?

Tenha em sua mente, meu caro leitor, que o bom atendimento hoje é a alma do negócio, todo mundo tem produto, o que fará a diferença é o atendimento. A falta de atenção com o cliente é o grande pecado capital das vendas. E lembrem-se, como já dissemos no início deste texto, o cliente pode decidir se um negócio vai para a frente ou fecha as portas. Basta ele comprar da concorrência!

Terminarei meu texto com uma parábola, de um autor desconhecido, que nos apresenta um diferencial de vendedor:

A lição do jardineiro

Nos Estados Unidos, a maioria das residências tem por tradição exibir em sua frente um lindo gramado e diversos jardineiros autônomos para fazer aparos nesses jardins.

Um dia, um executivo de marketing de uma grande empresa americana contratou um desses jardineiros. Chegando em sua casa, o executivo viu que estava contratando um garoto de apenas treze anos de idade, mas como já estava contratado ele pediu para que o garoto executasse o serviço, mesmo estando indignado com a pouca idade em questão.

Quando o garoto já havia terminado o serviço, solicitou ao executivo a permissão para utilizar o telefone da casa, e foi prontamente atendido. Contudo, o executivo não pode deixar de ouvir a conversa. O garoto havia ligado para uma senhora e perguntava:

– A senhora está precisando de um jardineiro?

– Não. Eu já tenho um – respondeu.
– Mas além de aparar, eu também tiro o lixo.
– Isso o meu jardineiro também faz.
– Eu limpo e lubrifico todas as ferramentas no final do serviço – disse ele.
– Mas o meu jardineiro também faz isso...
– Eu faço a programação de atendimento o mais rápido possível.
– O meu jardineiro também me atende prontamente!
– O meu preço é um dos melhores.
– Não, muito obrigada! O preço do meu jardineiro também é muito bom.
Ao desligar o telefone, o garoto ouviu do executivo:
– Meu rapaz, você perdeu um cliente.
– Não – respondeu o garoto. – Eu sou o jardineiro dela; estava medindo o quanto ela estava satisfeita.

Portanto, meu caro leitor e também vendedor, faça a diferença em seu ATENDIMENTO, encante seus clientes e alcance o sucesso em vendas!

Grande abraço e muito sucesso em suas vendas!!

Impressão e acabamento
Rotermund
Fone (51) 3589 5111
comercial@rotermund.com.br